SILK ROAD

SILK ROAD

실크로드 도록

초원로편

창비

발간사

원래 『실크로드 도록-초원로편』은 경상북도가 창의적으로 발의하고 야심차게 추진한 '코리아 실크로드 프로젝트'(2013~2018)의 일환으로 2014년 『실크로드 도록-육로편』의 이름으로 출간된 바 있다. 그러나 이 도록은 연구와 사료의 미흡으로 인해 시대적으로 중세와 근세의 초원로만을 다루었다. 이것이 못내 아쉬워 출간 후 심층적인 연구와 극동 시베리아부터 극서 유럽까지의 전 노선에 대한 5회(2018년 5~9월, 총 79일간)의 현장 탐사를 거쳐 드디어 고대의 원초적인 북방 유라시아 초원로의 원형에 근접할 수 있어, 오늘 앞 책의 속편으로 이 신서를 출간하게 되었다.

이 도록의 편찬은 북방 유라시아 초원로의 개척자들인 스키타이와 사르마트, 흉노를 비롯한 초기 유목민족들이 일찍이 북방 유라시아의 드넓은 초원을 종횡무진 이동하면서 개척한 길, 즉 북방 유라시아 유목문명의 대동맥인 초원실크로드의 원상 복원을 목적으로 삼았다. 지금까지 동반구(東半球)의 북변을 동서로 길게 가로지르는 이 길에 관한 연구는 국내외 학계를 막론하고 극히 단편적이고 영성적(零星的)이었다. 따라서 이 길 전반에 관한 실태 파악이나 원상 복원은 매우 부진한 상태였다. 지금껏 동서단을 아우르는 완정된 초원로 지도 한 장이 없는 것이 그 단적 증거다. 초원로에 관한 연구는 이른바 실크로드 3대 간선(오아시스로, 해로, 초원로) 가운데서 비교가 되지 않을 정도로 미흡하다.

초원로 연구에서의 큰 난점은 우선 주역인 유목민들이 문자가 없었기 때문에 자체 기록을 남길 수 없었다는 점이다. 그들에 관한 기록은 대부분이 당대 이후의 제3자가 남겨놓은 것으로 양이 적을 뿐만 아니라, 신빙성도 담보하기 어렵다. 다음 난점은 부단한 유동으로 인한 추적의 어려움이다. 유동성 때문에 출몰이 빈번해 동태 파악에서 혼선이 빚어지기 일쑤다. 이와 더불어 유목문명은 고유의 융화성이나 불완전성으로 인해 주변의 농경문화나 도시문화에 쉽사리 매몰되기 때문에 그 정체성이나 전통성이 바래거나 심지어 없어지기도 한다. 바로 이러한 요인 때문에 초원실크로드의 학문적 정립이 뒤처질 수밖에 없었다. 이러한 난관과 불비(不備) 속에서 이 길을 되살릴 수 있는 유일한 출구는 그들이 남겨놓은 무언(無言)의 증거물인 유적·유물들을 직접 찾아가 보고 듣고 기록하는 일이다.

오랜 세월이 흐르다보니 남아 있는 유적·유물이 많지는 않으며, 그것마저도 상당히 부식되고 마멸되어버렸다. 그 가운데서 가장 많이 남아 있는 것이 분묘인 쿠르간과 그 속에서 반출(伴出)된 갖가지 유물들이다. 이 유물들은 모두 관련 박물관에 소장되어 있다. 2018년 다섯 차례 총 79일간의 탐사에 박물관 32개소, 유적지 19개소, 쿠르간 60여 기를 현장 답사하였다. 이와 더불어 탐사 기간 동안 15명의 현장 발굴 경험이 있는 전문가들(박물관장, 부관장, 박물관 학예사나 연구원 등)로부터 동행 및 안내 해설 등 유익한 도움을 많이 받았다.

이 도록에서는 북방 유라시아 초원실크로드의 원상을 복원하는 것을 목적으로 삼았기 때문에 서단(西段)에서는 주로 스키타이를 비롯한 유목민들이 남겨놓은 쿠르간과 거기에서 반출된 유물들을 추적하였다. 그리하여 이 길은 초원 유목민들의 전형적 묘제(墓制)인 쿠르간의 연결로라고 해도 무방하다. 이에 비해 동단(東段)은 흉노와 고구려 및 발해가 개척한 고대 동북아시아 초원로의 복원에 초점을 맞췄다. 이와 같은 사정을 감안해

전 노정을 유럽과 중앙아시아 및 동아시아의 3대 구간으로 나눠 서술하였다.

소정의 주제를 시각적으로 밝히기 위해 선정된 그림이나 사진의 모음집인 도록은 그 직관성과 사실성 때문에 일반적인 교양 교육에서뿐만 아니라, 학문 연구에서도 널리 효용되고 있다. 이 점을 감안해 필자는 2005년 7월부터 2018년 8월까지 13년간 총 17회(235일간)에 걸쳐 진행된 초원실크로드 현장 취재와 촬영에서 수집한 1만여 장의 관련 자료 가운데서 취사선택한 총 820여 장의 사진과 지도, 그림으로 3대 구간 26개 지역의 얼개를 가진 도록을 완성하였다. 이 책에 수록된 사진들은 독충이 욱실거리는 풀밭과 키를 넘는 숲을 헤치고, 가파른 비탈길과 질벅거리는 진창길을 마다치 않고 오가며 발품을 팔아 얻어낸 귀중한 피사체들이다. 이러한 피사체는 책상머리에서 짜낸 시들먹한 사료와 달리 신빙성이 확보된 생동한 증언이다. 이렇게 현장 탐사를 통해 고대 북방 유라시아 초원실크로드의 서단(西端)에서 동단(東端)에 이르는 전 구간을 도록으로 복원한 것은 실크로드 연구사상 희유의 쾌거라고 감히 자평하는 바이다.

현장 답사와 탐구를 통해 구득한 일말의 지식을 글로 엮은 이 도록은 내용 편집에서 몇 가지 특징을 지니고 있다. 첫째, 시종일관 쿠르간이란 한 화두를 잡고 3000년 전에 기원한 북방 유라시아 문명의 대동맥인 초원실크로드의 전개 과정을 풀어나갔다. 둘째, 복잡다기한 내용을 변천 양상에 따라 3대 구간으로 대별하고, 구간마다 이해를 돕기 위해 역사적 배경을 설명한 '이끄는 글'을 4개의 주제어로 나누어 제시했다. 셋째, 직접 발굴이나 탐사 작업에 참여한 현지(현장) 연구자들의 증언을 많이 채록하였다. 차제에 여러 현장에서 직접적인 동행이나 대화로 소중한 증언과 가르침을 베푸신 외국의 모든 학자분들, 특히 고구려와 발해 고지(故址) 탐사에 동행하신 전 옌볜대학교 발해연구소장 정영진 교수님께 깊은 사의를 표하는 바이다.

사료가 부족하고 연구가 미진한 속에서 단행한 초유의 시도이기 때문에 편찬 작업에서의 어려움은 물론이거니와 그 결과물 또한 미흡을 면치 못하리라는 점을 실토한다. 이에 독자들로부터의 엄한 질정(叱正)을 기대한다.

이 도록의 간행에 즈음해 진심어린 후원을 해주신 경상북도의 김관용 전 지사님과 김남일 본부장님, 배려와 협조를 아끼지 않으신 한국문명교류연구소 장석 이사장님과 지원팀, 그리고 10년간 초원실크로드 답사에서 고락을 함께 한 투어블릭 여행사 강상훈 대표, 책을 정성껏 잘 꾸며주신 창비와 디자인비따의 편집진 여러분, 모두에게 거듭거듭 심심한 사의와 경의를 표하는 바이다.

2019년 2월 15일

한국문명교류연구소 소장

초원실크로드 전도

목차 CONTENTS

제1부 유럽 구간

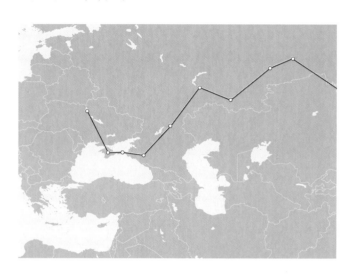

제2부 중앙아시아 구간

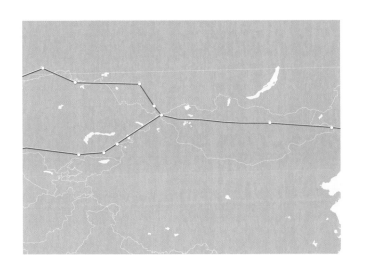

제3부 동북아시아 구간

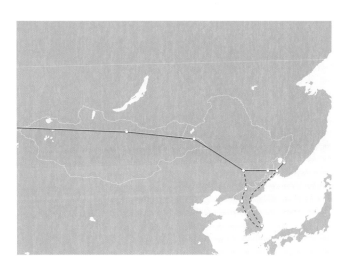

여는글

북방 유라시아 유목문명의 대동맥, 초원실크로드

초원을 자연배경으로 한 초원실크로드의 개통과 이 길을 통한 북방 유라시아 유목문명의 전개는 인류문명사에 지울 수 없는 커다란 족적을 남겨놓았다. 그러나 지금까지 유목문명이 이른바 '변방문명'으로 소외됨에 따라 초원실크로드 연구는 부진 상태에 빠져 있었다. 글로벌 다문명시대에 접어든 오늘날 유목문명과 더불어 그 교류 통로인 초원실크로드의 연구를 활성화하는 것은 시대의 절박한 요청이다.

초원실크로드의 출현

초원(steppe)이란 일반적으로 연 강수량이 250~270mm로 큰 나무는 자랄 수 없으나 풀이 무성하게 자라는 곳을 말한다. 초원은 목초의 생성지로서 목축업의 적지(適地)이다. 약 1만~7000년 전 신생대(新生代) 제4기 충적세(沖積世, 신석기시대)에 형성된 지리대(地理帶)를 보면 대체로 초원은 중위도(中緯度) 지대에 자리하고 있다. 고고학적 연구 결과에 의하면 인류 최초의 화석은 아프리카의 초원을 비롯한 여러 초원지대에서 발견되는데, 이것은 인류의 최초 활동무대가 초원지대였음을 시사해준다.

초원명은 지역에 따라 다르다. 유라시아에서는 '스텝'(steppe), 북아메리카에서는 '프레리'(prairie), 아르헨티나와 우루과이에서는 '팜파스'(pampas), 남아프리카에서는 '벨트'(veld)라고 한다. 북아메리카에서는 초원에 거주하는 사람들을 '인딕'(indic), '가우초'(gaucho, 스페인어로 '말을 모는 목동'이라는 뜻)로 지칭한다.

지질학적으로 북방 유라시아는 충적세에 들어와 지각변동으로 인해 남북으로 4개의 기후대가 형성되었다. 가장 북쪽으로 북극해에 면한 것이 동토대(凍土帶, 툰드라tundra)이고, 그다음이 침엽수림대(針葉樹林帶, 타이가taiga), 그다음이 초원대(草原帶, 스텝steppe)이며, 가장 남쪽에 있는 것이 사막대(沙漠帶, 데저트desert)이다. 초원대는 대체로 북위 50~40도 사이에 위치하며, 실크로드의 한 간선인 초원실크로드(steppe road, 약칭 '초원로')가 이 지대를 동서로 횡단하고 있다.

초원실크로드는 유라시아 대륙의 북방 초원대를 동서로 횡단하는 동서교류의 한 통로다. 실크로드의 3대 간선 중 가장 오래된 길인 초원로는 다음과 같은 몇 가지 특징을 지니고 있다. 첫째, 일망무제(一望無際)한 초원지대에 펼쳐진 길로서 이용이 자유자재로 편리하다. 일반적으로 이 길은 지형이나 기후(건조기 제외)의 제약을 별로 받지 않고 수시로 이용할 수 있으며, 길의 너비나 길이도 특별한 제한 없이 자유롭게 활용할 수 있다. 바로 이로 인해 초원로는 실크로드의 다른 두 간선인 오아시스로나 해로와는 달리 노선이 분명하지 않다. 둘째, 유목기마(遊牧騎馬)민족들의 전용(專用)이다. 이 길은 일찍이 유목기마민족인 스키타이(Scythai)에 의해 개척된 이래 흉노(匈奴)와 몽골 등 북방 유목기마민족의 교역과 이동 및 정복활동에 주로 이용되었다. 초원은 말을 타고 이동하면서 유목생활을 하는 민족들만이 적응할 수 있는 지형적 특성을 지니고 있기 때문이다. 따라서 교통수단도 기마 유목에 적합한 단단하고 경량화된 마구류(馬具類)가 주종을 이룬다.

'역사의 아버지' 헤로도토스(Herodotos, 기원전 484~425)의 저서

『역사(歷史)』(제4권의 13장과 16~36장)의 기술에 의하면 초원로는 기원전 7세기 전반에 스키타이들이 흑해(黑海)로부터 우랄산맥을 넘어 알타이(Altai) 지방에 이르러 동방교역을 할 때부터 알려지기 시작하였다. 『역사』의 기술과 함께 그간 북방 유라시아의 초원지대에서 속속 발굴된 일련의 유적·유물들에 의해, 초기 스키타이를 비롯한 고대 유목기마민족들이 개척·이용한 초원로의 윤곽이 점차 그 모습을 드러내고 있다.

그 주로(主路)를 추적해보면 북유럽의 발트해(Baltic Sea)에서 출발, 아랄해(Aral Sea) 연안을 지나서 동진, 카자흐스탄(Kazakhstan)과 알타이산맥 이남의 중가리아 분지에 도착한 후 더 나아가 몽골 고비사막의 북변 오르콘(Orkhon)강 연안으로 접어든다. 여기서 남하해 중국의 화베이(華北) 지방에 이른 후 다시 동남향으로 중국의 둥베이(東北) 지방을 거쳐 한반도까지 이어진다. 고대부터 초원로의 주변에는 주로 유목문명(nomadic civilization)이 발생·번영하였으며, 이 길을 따라 동서로 널리 전파되었다.

초원로를 통해 최초로 동서에 전파된 문물로는 비너스상(Venus 像)이 있다. 지금으로부터 약 1만여 년 전에 제작된 것으로 추정되는 이 비너스상은 지금까지 서유럽의 피레네산맥 북쪽 기슭에서 시베리아의 바이칼호 부근에 이르는 광활한 초원 지역에서 수백 점이 발견되었다. 거의 20군데나 되는 출토지를 연결해놓으면 서부 유럽에서 출발해 다량 발굴된 중부 및 동부 유럽과 우크라이나를 지나 동진해 동시베리아에 이르는 이른바 '비너스의 길'이 형성된다.

비너스상에 이어 한때 초원로를 누빈 것은 채도(彩陶)로서, 그 출토지를 연결한 길이 바로 '채도의 길'이다. 이 길의 서단(西端)은 중앙아시아의 서남부에 위치한 초기 농경문화의 대표적 유적인 아나우(Anau) 유적(기원전 5000년경) 지대다. 아무다리야 하류의 호라즘(Khorazm) 지방이나, 중앙아시아와 중국의 접경지대인 페르가나(Ferghana) 분지의 나망간(Namangan) 일대에서 이 아나우 문화에 속하는 채도 유물이 다수 출토되었다. 그런데 아나우 채도와 유사한 채도가 중국의 양사오(仰韶) 문화유적(기원전 3500년경)에서도 발굴되어 그 관련성 여부를 놓고 지금까지도 학계에서 이론(異論)이 분분하다. 서구와 일본 등 외국학계에서는 대체로 그 상관성을 인정해 서아시아 채도가 초원로를 거쳐 중국 중원지대에 전해진 것으로 보고 있다. 이에 반해 중국 학계는 자생설을 주장하고 있다.

기원전 1000년대의 청동기시대에 접어들면 초원로의 동쪽 끝에서는 몽골 인종이 주도하는 카라수크 문화(Karasuk culture, 기원전 1200~700)가 흥기한다. 러시아의 미누신스크에 있는 카라수크강 유역에서 발아한 이 문화는 동쪽으로 바이칼호 부근에서부터 서쪽으로 알타이산맥과 카자흐스탄에 이르기까지의 광활한 초원지대에서 번영하였다. 초원의 유목경제를 바탕으로 한 카라수크 문화는 청동제 칼·창·도끼 등 유사 유물에서 보듯이 중국 은상문화(殷商文化)의 영향을 받은 흔적이 역력하다. 이것은 이 문화가 초원로를 통해 전해진 은상이 할거하던 중국의 화베이 지방의 문화와 연관이 있었음을 시사해준다.

초원실크로드의 전개

기원전 8세기경 유라시아 북방 초원지대에 출현한 강력한 유목기마민족인 스키타이의 동서교역을 비롯해 4세기 후반 흉노의 유럽 진출, 6세기 중엽 돌궐(突厥)의 서천(西遷), 13세기 몽골의 서정(西征), 16세기 러시아의 동진(東進) 등 일련의 북방 유목기마민족들이 동서남북을 누비고 다녔다. 이 활동으로 인해 초원실크로드가 본격적으로 가동되면서 이 길은 명실상부한 문명교류의 통로 역할을 수행하게 되었다.

기원전 8세기경에 남러시아 일원에서 흥기한 스키타이는 초원로의 서단(西端)을 통해 흑해 연안의 그리스 식민도시들과 활발한 교역을 진행하였으며, 그 동단(東端)을 따라 동방무역로를 개척하였다. 헤로도토스의 명저『역사』의 기술에 의하면 스키타이의 동방무역로는 아랄해로부터 볼가강을 지나 북상해 우랄산맥을 넘은 다음 동진해 알타이산맥 부근에까지 이른다. 이 길의 연변에서는 스키타이 문화 특유의 동물 문양이나 금은세공(金銀細工) 등 유물이 다량 출토되었다. 특히 알타이산맥 북방의 파지리크(Pazyryk) 고분 유적에서는 스키타이 문화 유물과 함께 중국 진대(秦代) 유물이 다수 반출(伴出)되었다. 이것은 당시(기원전 8~3세기) 초원로를 통해 스키타이 문화가 동쪽으로 전해져 몽골고원을 지나 중국 화베이 지방의 쑤이위안(綏遠) 일대까지 영향을 미쳤음을 실증해주고 있다.

기원전 4세기 말에 몽골고원에서 흥기한 흉노는 몽골의 노인 울라(Noin Ula) 고분 유적에서 볼 수 있듯이 스키타이 문화를 비롯한 북방 유목기마민족 문화와 한(漢)문화를 흡수·융합한 이른바 '호한문화(胡漢文化)'라고 일컫는 흉노 특유의 유목기마문화를 창출하였고, 초원로를 따라 서천하면서 이 호한문화를 서구에까지 유포했다. 기원전 3세기 후반부터 카스피해 동남부에 자리한 파르티아(Parthia, 안식安息) 왕국과 비단무역을 하는 등 서역과의 교류를 활발히 전개해오던 흉노는 기원후 후한(後漢)에 쫓겨 서천을 거듭하다가 마침내 4세기 후반에는 초원로의 서단을 따라 유럽에까지 진출하였다. 훈족(Huns, 흉노)의 이 서천으로 인해 흑해 연안에 살고 있던 게르만의 일족인 서고트족(Visigoths)은 로마제국으로 밀려들어갔다. 이것이 게르만 민족대이동의 서막이었으며, 이로 인해 서양사에서 중세의 막이 오르게 되었다. 그뿐만 아니라 기원전 3세기 후반에는 중국 쑤이위안 지방에 진출하고, 기원전 2세기 후반에는 동호(東胡, 현 중국 둥베이 지방)까지 정복하는 등 흉노의 동진 과정을 통해 그들의 유목기마문화가 고조선과 한반도, 그리고 일본에까지 영향을 미쳤다. 한반도에서 출토된 청동기와 철기, 각종 마구(馬具)와 동물 문양 등 북방 유목기마문화의 유물들은 흉노에 의해 초원로를 거쳐 유입된 것이라고 추정된다. 지금까지 동아시아에서 발굴된 청동기 유물의 분포대를 추적해보면 그 길은 몽골로부터 중국 화베이의 러허(熱河) 일대로 전향해서 랴오둥(遼東)을 거쳐 한반도 경내로 이어졌음을 알 수 있다. 따라서 이 청동기 유물 분포대의 연결선을 한반도까지 이어지는 초원로의 연장으로 간주할 수 있으며, 이는 곧 한반도가 초원로의 동단(東端)이었음을 시사해준다.

흉노에 이어 초원로를 누비며 동서교류의 주역을 담당한 민족은 돌궐족(突厥族)이다. 기원전 4세기경부터 몽골 초원의 각처에 산재한 유목민의 일족인 돌궐이 기원후 552년에 유연(柔然) 등 여러 부족들을 정복·통합해 강대한 국가를 건립하였다. 돌궐은 초원로를 따라 동편으로는 중국 화베이 지방의 북주(北周)나 북제(北齊)와 견마무역(絹馬貿易)을 진행하는 한편, 서편으로는 알타이산맥을 넘어 중앙아시아의 에프탈(Ephtalite)을 격파하고 소그디아나(Sogdiana)까지 정복하였다. 6세기 말 소그디아나 일원에 건국된 서돌궐은 동로마제국과 수차례에 걸쳐 사절을 교환하고 교역도 활발히 진행함으로써 초원로는 명실공히 동서교류의 한 간선 역할을 수행하였다. 657년에 서돌궐이 당에 의해 멸망된 후 중앙아시아를 중심으로 한 초원로의 중간 지점은 일시적으로 당의 수중에 들어가게 되었다. 그러나 얼마 지나지 않아 8세기 초엽부터 아랍-이슬람군이 이 지역에 진출해 당 세력을 축출함으로써 중앙아시아의 이슬람화가 추진되고, 초원로의 중간 지대는 아랍-이슬람 세력의 활동무대가 되었다. 이러한 국면은 13세기 몽골제국이 서정(西征)을 단행할 때까지 지속되었다.

13세기 초에서 중엽까지 아시아 전역은 물론, 유럽과 러시아까지 석권한 대몽골제국 시대는 문자 그대로 초원로의 전성기였다. 몽골인들은 세 차례의 서정(1219~1258)을 계기로 서방의 광활한 정복지에 오고타이(Ogotai)·차가타이(Chaghatai)·킵차크(Kipchak)·일(Il) 등 4개의 칸(汗)국을, 동방의 중국 본토에는 원(元)조를 세움으로써 유라시아를 석권한 미증유의 세계적 대제국을 건설하였다. 유목기마민족인 몽골인들의 대규모 서정은 주로 초원로를 따라 진행되었는데, 그 주로(主路)는 몽골제국의 수도 카라코룸(Karakorum, 화림和林)으로부터 서쪽으로 알타이산맥을 넘어 발하슈(Balkhash)호 북안을 돌아 카스피해 북부에 있는 킵차크 칸국의 수도 사라이(Sarai)까지 이르며, 사라이를 중계지로 하여 다시 서쪽으로 키예프·안티오키아·베네치아·콘스탄티노플 등 러시아와 유럽의 여러 도시로 이어지는 길이다.

이 길을 따라 서구에서 몽골까지 왕복한 카르피니(G. Carpini, 1182~1252)와 뤼브뤼키(G. Rubruquis, 1215~1270), 마르코 폴로(Marco Polo, 1254~1324) 등 여러 여행가들의 기술에 의해 이 길의 실체가 점차 알려졌다. 제국은 이 초원로를 원활하게 운영하기 위해 완벽한 역전제(驛傳制)를 실시하였다. 마르코 폴로의 여행기『동방견문록(東方見聞錄)』에 의하면 제왕으로부터 받은 여행용 금패(金牌)나 은패(銀牌)만 소지하면 누구나 초원로에서 음식과 말 등을 보급받는 것은 물론, 안내자까지 대동하고 안전하게 여행할 수 있었다.

몽골제국의 멸망과 더불어 얼마간 부진 상태에 빠졌던 초원로
는 16세기 후반에 이르러 러시아의 시베리아 진출로 인해 다시 활
기를 띠게 되었다. 1581년 러시아는 예르마크(T. Yermak, ?~1584)를
대장으로 한 탐험대를 동방에 파견하였다. 무력을 동반한 탐험대는
오비(Ob')강을 넘어 이르티시(Irtysh)강 유역에 있는 시비르 칸국을
공략하고, 이 땅을 이반 4세 황제에게 기증하였다. 이것이 계기가
되어 그 후 우랄산맥 이동의 광활한 초원지대를 일괄해 '시베리아'
라고 지칭하였다. 1587년에 러시아인들은 시베리아의 초원로를 따
라 시비르 부근에 토볼스크시(市)를 건설하고, 계속 동진해 1638년
에는 태평양 연안에까지 도달하였다. 그들은 이에 머물지 않고 여
기에서 다시 남하해 러시아와 중국 청(淸)나라의 국경지대인 헤이
룽장(黑龍江) 일대까지 세를 확장하였다.

이 우랄산맥 동쪽으로부터 남러시아의 광활한 초원지대를 지
나 헤이룽장 일대까지 이어지는 길을 '시베리아 초원로'라고 한
다. 이 초원로는 비록 16세기 말엽에 러시아의 시베리아 진출로 인
해 뒤늦게 알려졌지만, 사실은 오래전에 이미 개통되어 있었음을
알 수 있다. 러시아 극동 지방인 아르세니예프(블라디보스토크 북방
280km) 지역에 자리했던 해동성국(海東盛國) 발해의 노보고르데예
프카(Novogordeevka)성 밖 취락에서 8세기의 소그드 은화가 발견
되었는데, 앞면에는 왕관 부조와 함께 좌우에 '알 마흐디'란 아랍어
글자와 '부하라의 군주 차르'란 소그드어 문자가 새겨져 있다. 당시
소그드인들은 지불 수단인 은화로 이 지역에서 생산되는 양질의
모피를 수입해갔다. 학계에서는 이 모피의 교역로를 '시베리아 초
원로'의 한 지선(支線)인 '모피의 길'이라고 명명하였다.

초원실크로드를 통한 유목문명의 교류

유목기마민족들은 초원실크로드 연변에서 고유의 유목문명을 창출
해 주변 문명권들과 부단히 교류를 진행하였다. 유목문명이란, 가
축을 사양(飼養)하면서 수초(水草)를 찾아 가재(家財)와 함께 주거지
나 활동지를 부단히 이동하는 유목민들이 창조한 문명을 말한다.
유목문명의 창조자인 유목민은 크게 초원지대 유목민과 사막지대
유목민으로 나눌 수 있다. 이 두 지대의 유목민들은 가축을 방목하
면서 이동한다는 공통점을 가지고 있지만, 구체적으로 방목하는 가
축의 종류라든가 이동 양태는 상이하다. 어떤 유목민은 양 같은 가
축을 사양하면서 좁은 영역 안을 이동하는가 하면, 어떤 유목민은
낙타 같은 가축을 이끌고 원거리 대상(隊商)에 나선다. 그런가 하면
어떤 유목민은 말 같은 가축을 타고 신속히 먼 거리를 이동하기도
한다. 그 가운데서 어느 가축보다도 기동력이 높은 말이나 마구를
이용해 유목하는 사람들의 혈연적 및 사회문화적 공동체를 유목기
마민족이라고 한다. 유목기마민족은 높은 기동성과 신속성으로 인

해 타 문명권과의 접촉이나 교류가 가장 활발하였다. 따라서 문명교류의 한 통로로서의 초원실크로드 연구는 이러한 유목기마민족이 창조한 유목문명을 주요 연구대상으로 삼는다.

문명교류는 본질적으로 이질문명권 간의 교류다. 앞에서 살펴본 바와 같이 북방 유라시아의 여러 유목기마민족들은 자신들이 개척한 문명교류의 한 통로인 초원실크로드를 통해 다른 이질문명권들(농경문명권, 도시문명권, 기독교문명권, 이슬람문명권, 불교문명권 등)과 소통하고 교류해왔다. 이것이 문명사의 엄연한 사실임에도 불구하고 영국의 문명사학자 토인비(Arnold Toynbee, 1889~1975)를 비롯한 거의 모든 역사학자들이나 문명사가들은 아이러니하게도 유목문명을 아예 문명권에서 제외시키고 있다.

5000년 전에 신석기문화 단계를 갓 벗어난 에게해 지역의 문화는 이른바 '에게문명'으로 치켜세우면서도, 그보다 3000년 후에 찬란한 금속문화(청동기와 철기 문화)를 꽃피운 북방 유목기마민족들의 문화는 '미개'와 '야만'이란 딱지를 붙여 서구(西歐)나 중화(中華)의 '중심문화'에서 멀리 떨어진 이른바 '주변문화'로 치부하고 홀대해왔다. 이와 더불어 유목기마민족들이 창조한 여러 개별 문화들을 '키메르 문화'니 '스키타이 문화'니 '흉노 문화'니 '돌궐 문화'니 '몽골 문화'니 하는 등 개별적인 고립문화로 간주할 뿐, 그 개체들이 문명적 공통요소에 바탕해 하나의 문명이나 문명권을 형성하고 있음을 간과하거나 무시하였다. 이러한 상황이다보니 유목문명 교류에 관한 연구는 애당초 도외시될 수밖에 없었다.

문명과 문명권 일반에 관한 잣대로 유목기마민족들이 창조한 제반 문화요소들을 세밀하게 분석해보면 그들 역시 다른 문명권 민족들과 다를 바 없이 자기 고유의 문명을 창조해 인류문명의 공영에 응분의 기여를 하였다. 특히 그들이 창조한 유목문명은 문명 구성요소에서의 독특성(상이성)과 문명의 시대성 및 지역성이 보장되고, 오랫동안 생명력이 유지됨으로써 분명히 문명권 형성의 기본요건들은 두루 갖추고 있다.

그러나 유목민들이 처한 자연지리적 및 사회문화적 환경으로 인해 그들이 창조한 유목문명에서는 다른 문명들과 구별되는 일련의 특이성을 발견하게 된다. 그 특이성은 첫째로, 순수성이 결여된 혼성문명(混成文明)이라는 것이다. 유목문명은 숙명적으로 주변의 농경문화나 도시문화의 영향을 많이 받음으로써 이질적인 문명요소들과 혼재하지 않을 수 없다. 흉노가 중국 한(漢)문화를 받아들여 이른바 '호한문화(胡漢文化)'를 창출한 것은 그 대표적 일례다. 이러한 혼성은 유목문명의 순수성을 희석시킴은 물론, 때로는 그 멸적(滅跡)을 촉진하는 요인으로 작동하기도 한다.

이와 더불어 유목문명은 항시 불완정성(不完整性)을 면치 못한다. 유목민들은 자연조건이나 생활환경의 변화에 민감해 늘 유동적이기 때문에 일정한 권역(圈域)을 확보하지 못하며 통일적이고 집중적인 국가권력이나 사회조직을 갖추기가 어렵다. 남러시아 일원

에서 수백년 동안 위력적인 존재로 활동하던 스키타이는 시종 분산 할거적인 부족연맹체에만 머문 나머지, 끝내 통일국가는 이루지 못하였다. 흉노는 이례적으로 유목민족국가를 건립하기는 하였으나 오래 유지하지는 못하였다.

또한 유목민들은 생존을 위해서는 주변 농민이나 도시민들로부터 생필품이나 무기를 얻어야 하는 의존성(依存性)에서 벗어날 수가 없었다. 문명이 발달함에 따라 이러한 의존성은 더욱 심화되었다. 그밖에 부단한 유동으로 인해 유목민들은 한결같이 문자를 갖지 못하는 등 문명의 후진성을 보이기도 하였다.

이와 같이 북방 유라시아 유목기마민족들은 나름대로 문명을 창조하고 문명권을 형성하였지만, 이러한 문명의 혼성과 불완정성, 의존성 때문에 그들이 창조한 문명은 궁극적으로 순수한 유목문명으로 완결(完結)될 수는 없었다. 따라서 그들이 이루어놓은 문명권은 완결된 문명권이라기보다는 준문명권(準文明圈)으로 보아야 할 것이다. 분명한 것은 준문명권도 문명권이란 사실이다.

바로 이러한 '준문명권'이란 성격으로 인해 유목기마민족들이 수행한 문명교류는 다음과 같은 몇 가지 특징을 지니게 되었다. 그 특징은 우선 교류 내용에서의 한계성(限界性)이다. 유목기마민족들에 의해 진행된 교류는 대체로 몇 가지 축산물이나 농산품의 문물교류에 한정되었으며, 정신교류 면에서는 동물의장(意匠)의 전파가 주종을 이룬다. 그리고 교류 과정은 점진적이고 장기적이며 평화적인 과정이라기보다는 기원 전후 흉노족과 중국 한족 간의 교류가 시종 약탈과 관시(關市, 즉 교역), 수공(受貢)의 방법으로 진행된 사실에서 보다시피 돌발적이고 단편적이며 강압적인 경우가 자주 발생함으로써 지속성이 결여되어 있다.

다음 특징은 강한 융화성(融化性)이다. 역대 유목기마민족들은 강력한 군사력이나 기동력으로 일시 농경지나 도시를 공략해 경략(經略)에 의한 문화적 접촉과 교류를 실현하기는 하지만, 쉽사리 피경략지의 문화에 융화 내지는 동화(同化), 함몰해버린다. 르네 그루세(René Grousset)는 명저 『유라시아 유목제국사』에서 중국과 페르시아에 대한 유목민들의 정복을 실례로 들면서 "중국과 페르시아의 문화는 비록 정복되었지만, 도리어 저 거칠고 야만적인 승리자들을 압도하고 도취시키고 잠에 빠뜨려 소멸시켜버렸다. 정복된 지 50년만 지나도 마치 아무 일도 없었던 것처럼 전과 같은 생활이 계속되는 경우가 많았다"라고 지적하고 있다. 이러한 융화성은 유목문명의 상대적 후진성이나 불완정성에 기인한다.

마지막 특징은 중개(仲介) 역할이다. 기동성이 높은 북방 유목기마민족들은 광활한 초원지대와 사막지대를 종횡무진 누비면서 교역을 비롯한 동서남북 교류에서 중개자 역할을 수행했다. 스키타이들이 동방무역로를 이용해 페르시아나 그리스에서 수입한 공예품이나 장신구들을 동방에 수출하고, 대신 알타이 지방의 황금이나 중국의 직물류를 서방에 운반하는 중계무역 활동은 그 대표적 일례다.

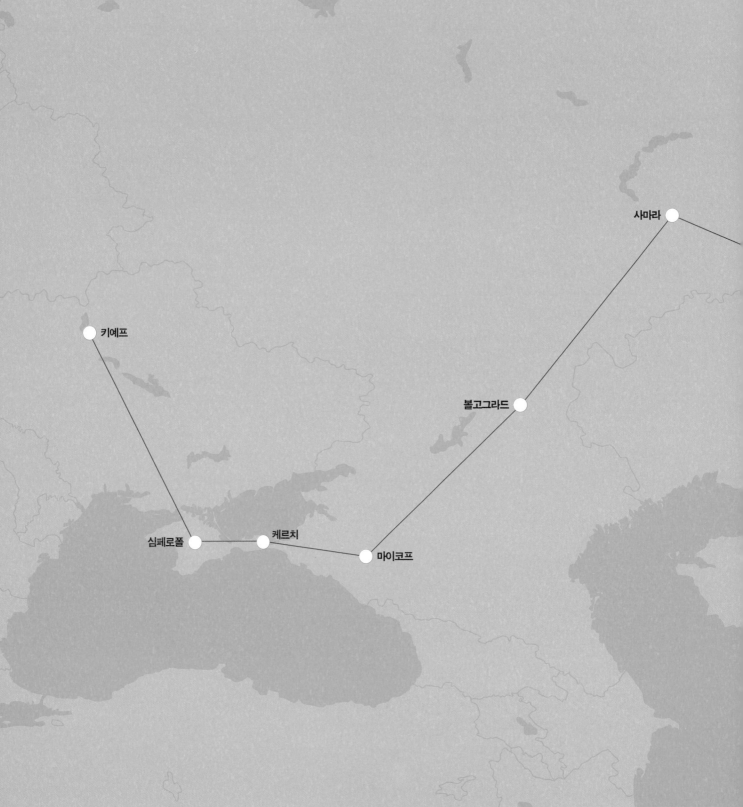

제1부
유럽 구간

바르나
Varna

키예프
Kiev

니코폴
Nikopol

심페로폴
Simferopol

케르치
Kerch

마이코프
Maykop

볼고그라드
Volgograd

사마라
Samara

오렌부르크
Orenburg

첼랴빈스크
Chelyabinsk

쿠르간시
Kurgan City

토볼스크
Tobolsk

쿠르간시

첼랴빈스크

오렌부르크

이끄는 글

유럽 구간

1. 유목기마민족의 문화

가축을 사육하면서 물과 풀을 찾아 가재(家財)와 함께 주로 초원에서 거주지나 활동지를 이동하는 사람들을 통칭 유목민이라고 한다. 그중에서 어느 가축보다도 기동력이 높은 말이나 마구(馬具)를 이용해 유목하는 사람들의 혈연적 및 사회문화적 공동체를 유목기마민족이라고 한다. 유목기마민족은 그 유례없는 기동성과 활동성으로 인해 유목민 가운데 가장 높은 문명화 수준에 이르러 초원 일원에서 소통의 길(초원실크로드)을 개척하고 문명교류를 선도하였다.

북방 유라시아 초원과 운명을 같이해온 유목기마민족은 하나의 통칭으로서 그 구성원들은 시공간적으로 다종다양하다. 주요 구성원으로는 스키타이를 비롯해 사르마트족(Sarmat, 볼가강 중류)과 킴메르족(Cimmer, 우크라이나에서 캅카스의 쿠반강 지역), 사카족(Saka, 새족塞族, 아랄해 이동의 카자흐스탄 초원과 텐산 지방, 이란계), 몽골 지대의 흉노 등의 종족을 들 수 있다.

기원전 8세기부터 기원후 3세기까지 1000여 년 동안 북방 유라시아의 광활한 초원지대에서 출몰을 거듭하며 활동해온 이들 유목민족들의 사회경제적 발전 수준과 공동체 형태는 천차만별이다. 민족학 이론에서 보면 이들은 대체로 부족연맹 단계에 처한 선민족(先民族, pre-nation, proto-nation)에서부터 흉노의 경우처럼 통일국가를 건설한 전근대민족(前近代民族, pre-mordern nation, traditional nation)의 범주에 속하는 다양한 단계의 민족들로서 다분히 혈연공동체적 성격을 지니며, 문화공동체로서의 민족적 성격에는 불비점이 적잖다. 1000여 년이라는 긴 세월과 광활한 지역이라는 상당한 정도의 시공간적 격차를 가지고 있으면서도 이들 유목기마민족들은 높은 기동성과 활동성, 용감성과 전투성, 수용성과 순응성 등 일련의 민족 고유의 특성을 공유하고 있다.

이러한 특성을 공유하고 있는 유목기마민족은 다른 민족 문명들과의 접촉이 빈번할 뿐만 아니라, 필수불가결의 교역으로 인해 농경문명권과의 접촉이 불가피하기에 다원적인 문명을 창조하고 영위하면서 찬란한 유목문명을 꽃피웠다. 서(西)카자흐스탄 초원에서는 기원전 3000년경에 일어난 켈테미나르(Kelteminar) 문화에 이어 목축을 위주로 하고 농업을 부업으로 하는 텔세크 카라카이(Telsek-Karakai) 문화가 번성하였다.

호라즘 지방에서는 켈테미나르 문화의 영향을 받아 농주목부(農主牧副), 즉 농업을 위주로 하고 목축업을 부업으로 하는 다자바시크 야브(Dazabasik-Yab) 복합문화가 발생하였는데, 이 문화의 주인공들은 밀을 재배하고 양이나 말, 소 따위의 가축을 사육하였으며, 원시적인 야금술도 알고 있었다.

남러시아에서는 오비강으로부터 미누신스크 지방에 이르는 지역에서 기원전 3000년 말에 아파나세보(Afanasevo) 문화가 개화하였다. 약 1000년간 지속된 이 문화는 카자흐스탄 초원의 켈테미나르 문화와 마찬가지로 목축을 위주로 하고 농경을 부차로 하는 목

주농부(牧主農副)의 문화였다. 그러나 수렵이나 어업의 흔적도 보이며, 소나 말, 양, 돼지 같은 가축을 기르기도 하였다.

기원전 1700~1300년에 서쪽으로는 우랄강과 아랄해 동안(東岸)으로는 미누신스크와 알타이 지방에 이르는 넓은 지역(북위 45~50도)에서 첫 청동기문화인 안드로노보(Andronovo) 문화가 발생하였다. 이 문화의 주역들은 이란계 인종으로서 주로 하천을 낀 곳에서 살면서 목축을 주업으로 하고 농업을 부업으로 하여 생계를 유지하였다. 그들의 거주지에서 밀 낟알과 돌화살, 구리낫 등 유물이 발굴된 점으로 미루어 상당한 정도의 농경문화를 향유하고 있었음을 알 수 있다.

기원전 1200~700년 사이에 아랄해로부터 미누신스크 지방에 이르는 카자흐스탄 초원에서는 안드로노보 문화의 모태에서 탄생한 후계(後繼)문화인 카라수크(Karasuk) 청동기문화가 출현하였다. 이곳 역시 목주농부의 문화로서 가축은 양이 위주였고 소는 적고 돼지는 기르지 않은 것으로 보인다. 기원전 700~400년 사이에는 시르다리야(시르강) 상류로부터 톈산(天山) 중부와 알타이산맥 이서에서는 찬란한 금속문화인 사카 문화가 꽃피었다.

북방 유라시아 초원에서 기원전 3000년경에 출현한 유목기마민족들은 오리엔트 문명을 비롯한 주변 문명의 영향을 받고 농경민과의 문물교역을 진행하였다. 유목민은 농경사회로부터 곡물과 소금, 금속 자재, 장신구 등 생활용품을 수입하고, 가축과 사금(砂金), 모피 등 생산물을 수출하면서 그들과 평화적으로 공존공생하는 관계를 유지해왔다. 그러나 기원전 1000년경에 접어들면서 유목사회에는 커다란 변화가 일어났다. 그들이 평화적인 유목생활을 버리고

전투적이고 기동력이 강한 기마민족으로 일변해 농경지대에 대한 찬탈을 자행하기 시작한 것이다. 그리하여 유목기마민족과 농경민들 사이에 공방전이 자주 벌어져 공존관계는 더 이상 지속되지 않고 급기야는 대립관계로 바뀌고 말았다. 이렇게 평화적인 유목민으로부터 전투적인 기마민족으로 변신하게 된 데에는 다음과 같은 두 가지 요인이 있었다.

첫째는 근원적인 요인으로 문명 발달상의 불균형에서 오는 갈등이다. 농경사회는 계속 발전해 도시문명으로 승화하는 데 비해 유목사회는 여전히 후진 상태에 머물러 있었다. 그 결과 농경사회와 유목사회 간에는 사회, 경제, 문화의 각 방면에 걸쳐 불균형이 발생해 결국 마찰과 갈등으로 이어지고, 궁극에 가서는 농경민들이 소유하고 있는 금은보석이나 청동기 무기, 특히 마구나 차구(車具)에 호기심을 느낀 유목민이 그것을 차지할 목적으로 농경민을 침탈하기에 이른 것이다. 이를테면 "경작지에 대한 유목민들의 주기적인 침투는 자연의 법칙이었다."

둘째는 기마전술의 출현이다. 기원전 1000년경 서남아시아 유목민 사이에서 청동제 고삐(reins)와 재갈(bit)이, 그 이후 스키타이 사이에서 등자(鐙子)가 발명됨으로써 사나운 말을 길들이고 안전하게 승마할 수 있게 되었다. 그리하여 말을 타고 자유자재로 이동하거나 심지어 유희까지 즐기는 기마풍(騎馬風)이 일기 시작하였다. 이로부터 기마에 의한 빠른 이동이 이루어졌으며, 드디어 사상 초유의 기마전술이 안출(案出)되고 기마궁사(騎馬弓士)들이 등장하게 되었다. 기마에 의한 신속한 이동은 사회경제생활에도 엄청난 변화를 일으켰다. 기동력이 약한 돼지나 닭 같은 가축은 사육에서 제

외·도태되지 않을 수 없었다. 반면에 상대적으로 기동력이 좋은 양이나 소, 말의 사육이 장려됨으로써 유목민들의 목축 구조에 커다란 변화가 일어났다. 그뿐만 아니라 기마에 반드시 필요한 개갑(鎧甲, 갑옷)이나 마구 및 장식품, 그리고 기마에 적합한 단검(短劍) 등 기마 무기류도 새로 고안되거나 개조됨으로써 기동력이 보다 강화되고 안전성도 기할 수 있게 되었다. 이러한 제반 요인은 도시문명이나 농경권에 대한 유목기마민족의 침탈과 공격을 유발할 충동과 가능성을 제공하였다.

어떻게 보면 우연이라고 말할 수 있는 청동제 고삐나 재갈의 발명, 이 자그마한 발명이 결과적으로 유목민과 농경민 간의 갈등은 물론, 때로는 전쟁까지도 유발시키는 한 요인이 되고 만 것이다. 이러한 것을 일컬어 '역사적 사변'(event of history)이라고 한다. 냇물이 모여 강이 되고, 강이 합쳐 바다가 이루어지듯이 얼핏 보기에는 하찮은 사건이지만 그러한 것들이 때로는 엄청난 요인이나 봇물이 되어 역사의 물굽이를 돌려놓기도 하고, 또한 구슬마냥 줄줄이 꿰어져서 역사의 대하를 이루기도 하는 것이다.

2. 쿠르간Kurgan

역사의 진실한 증언자는 유적·유물이다. 초원실크로드의 역사를 진실하게 증언하는 대표적인 유적·유물은 쿠르간과 그 속에서 드러난 유물이다. 초원의 주인공이 스키타이처럼 문자기록을 남기지 못한 경우는 더더욱 그러하다. 그리하여 스키타이에 의해 개척된 북방 유라시아 초원실크로드의 자초지종을 규명하는 데서 쿠르간 탐구는 절대적 비중을 차지하고 있다. 사실상 이 길의 전개는 쿠르간의 분포와 불가분의 관계에 있으며, 따라서 이 길은 쿠르간의 연결로라고 해도 과언이 아니다.

일반적으로 쿠르간이라고 하면, 지하에 시신을 매장한 뒤 흙을 높이 쌓아올려(봉토封土) 작은 언덕처럼 만든 고대 유라시아 초원지대의 봉분(封墳)을 말한다. '쿠르간'이란 '봉분'이나 '구릉'을 뜻하는 투르크계 언어에서 파생된 말이라고 한다. 이 말이 언제 어디서부터 사용되었는지는 미상이나, 20세기 이전의 고고학 관련 서적에서 이미 쓰여온 점으로 미루어 그 사용 시점은 상당히 오래전부터인 것으로 보인다.

지금까지의 고고학 발굴에 의하면 러시아에서 청동기시대인 기원전 4000~3000년의 카스피해-흑해 연안의 드레브네얌(Drevneyam) 문화와 캅카스 지역의 마이코프(Maykov) 문화에서 처음으로 발견된다. 이 고분은 출현 후 기원전 3000~2000년대에 이르면 소아시아의 발칸반도와 중부 유럽의 여러 지역에 동시다발적으로 널리 퍼진다. 이후 동유럽 지역에 지속적으로 확산되어 기원전 1500~1200년대에는 전차와 각종 검류 등 고도의 기마술과 청동술을 보유한 이른바 '쿠르간 문화'(Kurgan culture)가 나타난다. 이러한 문화에 훈육되어 기원전 8세기 역사무대에 등장한 스키타

이들은 흑해 북방의 초원지대를 지배하면서 쿠르간 문화를 고도로 발전시켰다. 그들의 시베리아 동진에 수반한 아파나세보 문화를 비롯한 안드로노보 문화 등에서 쿠르간이 사용되기 시작했으며, 스키프-사브로마트 시대에 이르러서는 알타이 지방의 파지리크 고분, 투바의 아르잔 고분, 미누신스크의 까라-쿠르간1, 우준-오바 고분, 살브익 고분 등 대형 쿠르간이 축조되었다. 스키타이의 초기와 중기시대에는 쿠르간이 주로 미누신스크를 경계로 그 서쪽에 집중되었으나, 말기에 해당하는 흉노의 흥기시대에는 그 동쪽에 카자흐스탄의 이식 고분이나 몽골의 노인 울라 고분, 중국 신장의 아라거우(아랍구阿拉溝) 고분이 나타난다. 이와 같은 쿠르간 문화의 동점은 중국 동북과 한반도에까지 그 영향을 미쳐 고구려 집안의 태왕릉이나 신라 경주의 천마총(적석목곽분積石木槨墳) 같은 대형 쿠르간의 출현이라는 결실을 맺었다.

스키타이를 비롯한 여러 북방 초원민족들에 의한 쿠르간 문화의 출현은 우연한 것이 아니라 유구한 역사적·사회적 배경 속에서 이루어진 것이다. 지역마다 쿠르간 문화가 성행한 역사적 시기는 조금씩 다르지만, 총체적으로 보면 청동기시대로 거슬러 올라간다. 유목사회의 구조적 변화에 따라 청동기시대에 이르면 사회적 부와 노동력의 집중 현상이 나타나게 된다. 이러한 사회적 구조 속에서 막대한 부와 노동력이 필요한 쿠르간이란 분묘의 축조가 가능해진 것이다. 특히 대형 쿠르간의 경우는 상당히 체계화되고 통제화된 사회구조를 전제조건으로 한다. 스키타이의 4대 집단 가운데서 왕족 스키타이가(家)가 지배하던 지역에서 체르톰리크 쿠르간과 솔로하 쿠르간 같은 대형 쿠르간이 축조된 이유는 바로 이러한 사회구조 때문이었을 것이다.

일반적으로 쿠르간은 봉토를 한 무덤임에는 틀림없으나, 봉토를 했다고 해서 모두가 쿠르간은 아니다. 쿠르간의 규정 관행에 따르면 높이는 외견상 봉토가 보일 정도인 1m 이상이고, 면적은 직경이 3~4m 이상이어야 한다. 봉토의 재료는 현장 지질구조에 따라 다른데, 흙이 위주이지만 괴석 같은 석재를 섞는 경우도 있다. 필자가 서방의 우크라이나로부터 동방의 한반도까지 60여 기의 쿠르간을 현장 조사했는데, 그 외관상 형태나 구조는 실로 다양했다. 보편적인 원추형(圓錐形) 말고도 원형, 돔형이 있는가 하면, 특이하게는 제형(梯形), 각추형(角錐形)도 있으며, 구조면에서는 호석(護石)이나 보호벽(保護壁), 해자(垓字) 같은 부대시설을 갖춘 것도 있었다. 이러한 부대시설의 설치 이유에 관해서는 시대마다, 문화마다 서로 다르게 해석하고 있다. 예컨대 우랄산맥 근처의 초기 철기시대 문화인 사르가트(Sargat) 문화의 경우, 쿠르간 봉분의 주위에 깊이 약 1m 정도의 해자를 파는 것은 유계(幽界)를 건너는 경계 또는 성스러운 영역의 의미로 해석한다. 그런가 하면 알타이의 파지리크 쿠르간에서 적석(積石) 밑에 호석을 세우는 것은 쿠르간이 죽은 자의 거소(居所)라는 의미에서 생전에 살고 있던 천막(유르트, yurt)을 모방해 호석을 천막 주위의 괴임돌로 삼은 데서 유래되었다고 한다.

쿠르간은 지리적으로 캅카스산맥 북방 쿠반강 유역에서 드네프르강 하류와 크림반도 부근의 흑해 북안까지의 일원에 집중적으로 분포되어 있다. 형태나 부장 유물을 보면 전자에 속하는 마이코프와 켈레르메스, 코스트롬스카야 쿠르간 등은 초기 스키타이 시대의 것들로 페르시아의 영향이 짙게 나타난다. 이에 비해 후자에 속하는 알렉산드로폴과 토브스타 모길라, 체르톰리크, 솔로하, 케르치 부근의 쿨오바 쿠르간 등은 후기 스키타이 시대의 것들로 그리스의 영향이 더 강해 보인다. 후자의 쿠르간 출토 유물은 전자에 비해 더욱 정밀하고 세련되었는데, 그것은 선진 그리스의 제작기법을 본받았거나 그리스 현지에서 주문 제작했기 때문이란 것이 중론이다.

우리가 스키타이의 발상지인 중유럽 드네프르강 유역의 우크라이나를 시발점으로 하여 동쪽으로 러시아와 중앙아시아를 걸쳐 스키타이의 초원문화 영향을 받은 몽골과 고대 한민족이 활동하던 극동 시베리아까지의 광활한 북방 유라시아 지역을 직접 현장 답사한 것은 원초적 유라시아 초원실크로드의 전개 과정을 추적 확인하기 위해서였다. 그 추적의 대상은 외형적 가시권(可視圈) 내에 있는 지상 봉토이지만, 실제로 확인할 수 있는 것은 봉토에 묻혀 있는 유물이다. 비록 '무언(無言)'이지만, 유물이야말로 쿠르간이란 묘제의 전파로(초원로) 실태를 극명하게 입증해준다. 다행히 쿠르간 속에는 시대성을 반영한 풍부한 유물이 내장되어 있다.

스키타이를 비롯한 여러 종족들이 쿠르간 속에 남겨놓은 유물들은 크게 네 가지 부류로 나눌 수 있다. 이 네 가지는 쿠르간 문화의 특색이라고도 할 수 있다. 첫째로 화려한 황금장식품이다. 왕족 스키타이들의 쿠르간은 더 말할 나위가 없고, 웬만한 중형 쿠르간에서도 눈부시게 휘황찬란한 금관이나 금목걸이, 금반지, 금팔찌, 금화살집과 더불어 각종 각색의 장식품들이 때로는 단독으로 때로는 무더기로 나왔다. 둘째로 각종 무기류다. 여기에는 양면에 날이 있는 직선형의 아키나케스식 검, 첨단부가 양익(兩翼, 두 개 날개) 또는 3익으로 된 벼이삭 모양의 화살촉, 전투용 도기 등이 포함된다. 셋

째로 각종 마구류(馬具類)다. 기마술의 발달에 따라 고삐, 자개와 구멍이 두세 개 나 있는 재갈멈치, 등자(鐙子), 안장과 안장받침, 채찍 등 마구가 포함된다. 넷째로 미술에서의 동물양식이다. 미술작품이나 일상용품에서 가장 많이 사용한 장식기법은 동물양식이다. 금은 장신구나 무기, 생활 용기 등에는 사슴, 호랑이, 사자, 표범, 양, 염소, 돼지, 말, 각종 조류와 같이 초원에 서식하는 동물들이 묘사되어 있으며, 동물투쟁도가 적잖게 있고, 사자와 독수리가 한몸을 이루고 있는 전설 속의 그리핀(griffin)도 심심찮게 선을 보이고 있다.

쿠르간과 그에 수반된 문화는 일찍이 유럽의 우크라이나 일원에서 발생한 후 스키타이를 비롯한 여러 북방 유목기마민족들에 의해 러시아와 중앙아시아, 몽골을 걸쳐 극동 시베리아까지 전파되어 영향을 미쳤다. 한국의 경우 중국 동북 지안(集安) 지방의 장군총(將軍塚)을 비롯해 두드러진 봉토를 한 고분들이나, 경상북도 경주 일원의 천마총(天馬塚)이나 금관총(金冠塚)을 비롯한 수십 기의 고총(高塚) 고분들은 북방 초원로 일대의 쿠르간과 외형이나 내장 유물에서 상관성이 인정되었으며, 이를 '적석목곽분(積石木槨墳)'이라고 이름한다. 옛 한국 땅이던 발해의 솔빈부(率賓府, 시베리아 연해주)에서도 남(南)시베리아 유목민문화의 영향을 받은 유물들이 출토되고 있다. 이러한 제반 사실(史實)에 근거해 이 책에서는 대흥안령에서 고구려와 신라, 발해를 횡단하는 초원로를 북방 유라시아 초원실크로드의 동시베리아 구간으로 자리매김하여 서술하였다.

3. 스키타이 Scythai

기원전 수세기 동안 북방 유라시아 대륙을 풍미하던 스키타이에 관해서는 아직껏 많은 수수께끼가 남아 있다. 스키타이에 관한 최초의 기록은 아시리아의 설형문(楔形文) 점토판에서 나타난다. 이슈 파카이 왕이 이끄는 아슈쿠자이(Ashkuzai)라는 한 집단이 아시리아의 왕 에사르하돈(Esarhaddon, 재위 기원전 681~669)과의 전쟁에서 패했다는 기록이 있다. 여기서의 아슈쿠자이는 아시리아인들이 스키타이를 일컫던 말이다. 기원전 7세기 후반부터 흑해 북안에 여러 개의 취락을 형성하고 스키타이와 교역을 시작한 그리스인들은 그들을 '스키타이'(Skythai) 혹은 '스키테스'(Skythes)라고 불렀다. 그러나 스키타이들은 자신을 '스콜로텐'(Skoloten) 혹은 '슈크'(Shk)라고 일괄 지칭하였다. 아시리아인들의 '아슈쿠자이'나 그리스인들의 '스키타이'란 이름은 이 '스콜로텐'이나 '슈크'의 음사로 추측된다. 고유문자를 갖지 않은 스키타이에 관한 연구는 아시리아인과 그리스인들이 남겨놓은 문헌기록이나 스키타이의 활동지 유적과 분묘에 대한 조사를 통해서만 가능하다.

스키타이의 시조와 인종 및 본향에 관해서는 이견(異見)이 구구하다. 기원전 5세기 그리스 역사가 헤로도토스는 명저 『역사』에서 스키타이의 시조에 관해 두 가지 전설을 전하고 있다. 하나는 타르기타오스(Targitaos)라는 시조인데, 그의 아버지는 태양신 제우스이고 어머니는 보리스테네스강(현 드네프르강)을 낀 땅이라고 한다. 다른 하나는 헤라클레스가 드네프르강 연안에 있는 울창한 삼림지대

인 힐라에아(Hylaea)에 살던 사녀(蛇女, 상반신은 사람이고 하반신은 뱀인 여성)와 동거해 낳은 셋째 아들 '스키테스'(Scythes)가 바로 시조라는 것이다. 이 두 가지 상징적인 전설에서 공통되는 점은 시조의 출현이 드네프르강과 관련이 있다는 것이다. 인종과 관련해서는 전해오는 신명(神名)이나 인명·지명 등을 감안하면 스키타이어는 인도-유럽 어족의 인도-이란 어군 중 동이란 아어군(亞語群)에 속한다. 따라서 그들은 비록 인종적 혼합을 많이 겪어왔지만 원초적 인종은 이란인의 한 계통이라는 데 견해가 모아지고 있다.

스키타이의 본향에 관해서도 여러 가지 설이 있으나 가장 신빙성 있는 것은 동쪽으로부터의 서진설(西進說)이다. 이 설에 의하면 그들은 아락세스강(현 볼가강) 동쪽에 살다가 중앙아시아의 일족인 마사게트(Massaget)의 공격을 받자 강을 건너 흑해 북안에 진출했다. 그러자 원주민 킴메르인(Cimmerians)들은 캅카스산맥을 넘어 남쪽으로 도망쳤다. 도망치는 그들을 추격하던 끝에 근동 지방에 이르렀다. 당시 여러 세력들 간에 각축전이 벌어지고 있는 혼란한 상태를 틈타 스키타이는 근동 지방을 손쉽게 장악하고 28년간이나 통치한다.

이러한 시조나 인종 및 본향을 가진 스키타이의 형질적 용모는 대체로 우람한 체구에 광대뼈가 튀어나오고 턱수염이 더부룩하다. 키는 계층에 따라 다른데, 상층부는 비교적 큰 편(176~180cm)이나 평민은 중위(약 164cm)에 머문다. 귀를 덮는 끝이 뾰족한 모자를 쓰고 헐렁한 통바지에 버선 모양의 가죽 단화를 신고 앞이 트인 형태인 전개형(前開型, 카프탄)의 짧은 상의에 허리띠를 졸라맨 모습은

흡사 고구려인의 옷맵시를 연상케 한다.

　스키타이 왕국은 왕족 스키타이가 다른 스키타이(유목이나 농경 스키타이)를 통솔하는 부족연맹적 성격이 짙은 왕국이다. 말 위의 궁술가들인 스키타이는 가재도구를 실은 차를 집으로 삼아 정처 없이 떠돌아다니는 유목기마민족이다. 그들의 기동력이나 전투력은 당대의 어느 누구도 따라잡을 수가 없었으며, 사회 전체가 군사적 색채를 강하게 띠고 있었다. 헤로도토스는 스키타이의 가장 두드러진 특성이라면 그들을 공격한 어떤 적도 그들로부터 도망갈 수 없고, 그들이 피하고자 하면 어느 누구도 그들을 붙잡을 수 없다는 점이라고 자탄 어린 지적을 한 바 있다. 징병제를 근간으로 한 각 부족에게는 기마 전사단이 조직되어 있으며, 부족장은 언제나 진두에서 죽음을 불사하고 전투를 지휘하며 퇴각은 애당초 불허된다.

　스키타이의 무사정신과 승전욕 그리고 형제애는 남다르다. 무사가 첫 번째 적을 죽이면 적의 피를 마시는 특별 의식을 거행하며, 살해된 적의 머리 가죽을 벗겨서는 무두질해 손수건이나 옷감으로 쓰기도 하고 말고삐에 매달아 과시하기도 한다. 그들은 손가락을 베어 나온 피를 술잔에 떨어트려 나누는 엄숙한 서약을 통해 의형제 관계를 맺고 상호 충절을 확인한다. 스키타이의 무사정신이나 사회의 군사적 성격은 마구와 기마전술용 무기가 발달한 데서도 찾아볼 수 있다. 스키타이관에 전시된 유물 중에는 이를 증명하듯 안장, 가죽 등자, 청동제 갑옷, 짧은 활과 방패, 쌍날이 달린 아키나케스식 단검 등이 유난히 눈에 많이 띈다.

　스키타이의 종교의식은 토테미즘적이고 샤머니즘적이다. 그들은 자연현상을 의인화(擬人化)한 신과 동물을 숭배한다. 그러나 신을 위한 신전이나 조상(彫像)을 세우지는 않는다. 그들에게 전쟁신 아레스는 각별한 의미를 지니는 신이다. 마른 장작을 산더미처럼 쌓아놓고 꼭대기에 아레스의 상징인 오래된 철검(鐵劍)을 꽂는 의식을 매해 치른다. 종교적 의례로서의 희생이나 순장 흔적도 곳곳에서 보인다.

　잘 알려지지 않았지만, 아니 정확히 표현하면 알려고 하지 않았지만, 스키타이는 인류에게 실로 풍부하고 값진 문화유산을 남겨놓았다. 그 가운데서 으뜸가는 것은 단연 신비의 경지에 이른 미술공예이다. 조형기법이나 소재, 문양, 용도, 그리고 외래문화의 영향 관계에 따라 미술공예사를 세분해 5기로 나누기도 하고, 또는 전·후 2기로 대별하기도 한다. 5분법은 기원전 8~7세기를 1기, 6세기를 2기, 5세기를 3기, 4세기를 4기, 3세기 이후를 5기로 나누는 분법이다. 2분법에서 전기는 기원전 8~5세기로 5분법의 제1·2·3기에 해당한다. 이 시기에는 아시리아와 페르시아 문화의 영향을 많이 받았으며, 주요 유물들이 쿠반강 유역에 널려 있다. 후기는 기원전 4세기 이후로 5분법의 제4·5기에 해당하며, 주로 그리스와 헬레니즘 문화의 영향을 받았고, 드네프르강 유역에 유물이 집중되어 있다.

　스키타이 미술공예의 특징은 동물의장의 신통한 발달과 황금을 비롯한 귀금속의 세공이다. 무구(武具)와 마구(馬具)와 함께 이른바 '스키타이 3요소'를 이루고 있는 동물의장(양식)은 원래 스키타이에서 비롯된 것은 아니고, 그 이전부터 전승되어온 것이다. 그러나 스키타이인들이 나름대로 그 내용을 풍부하게 하고 독특한 예술기법을 도입해 스키타이 특유의 동물의장을 창출했다. 일반적으로 동물의장의 기원에 관해서는 북시베리아 삼림지대 기원설과 오리엔트 기원설 두 가지가 있다. 전자의 경우에는 산양이라든가 사나운 들

새와 날짐승 같은 사실적 야생동물이 주제로 많이 다루어진다. 이에 비해 후자의 경우에는 환상적이고 기괴한 동물들이 등장해 서로 싸우는 이른바 '동물투쟁'이 주 모티프를 이루고 있다. 스키타이는 이러한 북시베리아의 전통을 이어받으면서도 한편으로는 오리엔트의 동물투쟁 기법을 창의적으로 받아들여 독특한 동물의장을 창출하고 발전시켰다.

사슴 모양의 방패 장식판 유물에서 보다시피 미술공예가들은 짐승들의 몸을 일정한 형태의 틀 안에 넣기 위해 기발한 형태로 동물의 몸통을 변형시키거나 압축함으로써 짐승이 가지는 힘과 탄력을 생생하게 나타내고 있다. 또한 그들은 동물의 투쟁 장면을 모티프로 하여 동물의 몸을 좁은 공간에 압축시키고 그 표현을 도식화하고 간편화해 동물의 힘을 강조하거나 과장하며, 그 힘으로 자신을 보호하려는 이상을 추구한다. 그것은 유목민이 본능적으로 간직하는 동물에 대한 관심과 관찰을 바탕으로 하고 있다. 이를 통해 그들 자신의 추상적 예술 감각과 미감을 발산하고, 거기에 그리스 미술의 사실성과 오리엔트 미술의 환상성을 가미함으로써 신선하고 독특한 스키타이식 동물의장으로 발전시킨 것이다. 스키타이 동물의장이 지닌 또 하나의 특색은 짐승 몸의 주요 마디나 근육 부분에 콤마형 또는 반달형 틀을 만들고 거기에 보석을 끼워 넣는 감입(嵌入)기법을 쓰는 것이다. 이 기법은 아시리아에서 시작해 스키타이가 받아들인 후 시베리아를 거쳐 중국 쑤이위안(綏遠, 오르도스)으로, 더 나아가 한반도까지 파급되었다.

지금까지 우리 학계에서는 스키타이 동물의장을 분석하면서 거기에 그들의 고원(高遠)한 우주관이 반영되어 있다는 점을 제대로 밝혀내지 못했다. 그들은 우주가 수직으로 3개의 세계, 즉 상계(上界, 하늘)와 중계(中界, 땅), 하계(下界, 지하)로 구성되었다고 이해한다. 그들은 이러한 공간적 우주 구조에 대응시켜 상계는 조류를, 중계는 굽동물(사슴·양·염소 등)을, 하계는 맹수나 어류, 파충류를 상징화해 동물의장을 꾸미는 슬기를 발휘했다. 그런데 흥미로운 것은 스키타이 신화에도 나오지만 굽동물이자 육식성 맹수이기도 한 멧돼지가 하계와 중계를 연결하는 중개자의 역할을 한다는 사실이다. 그밖에 상징적 동물인 그리핀은 맹수이지만 동시에 날개를 달고 있어 상계와 관련이 있는 동물로 둔갑한다.

스키타이 미술공예는 이러한 동물의장과 함께 금을 비롯한 귀금속을 다량 사용한 것이 또 하나의 특색이다. 동서고금을 막론하고 황금은 재질로서 영원불멸할 뿐만 아니라, 그 광채는 암흑과 불안을 몰아내는 광명과 상통한다고 하여 권력과 재력의 상징으로 삼아왔다. 가재를 수레에 싣고 이동하는 유목민들에게 금은 가장 편리하고 안전한 재화이다. 스키타이, 특히 상층들은 장신구는 물론 의기(儀器)와 제기를 비롯해 방패나 칼자루, 칼집, 활집 같은 무기나 용기 및 도구도 금으로 장식했다. 그리하여 3~4kg의 순금제 공예품이 부장된 고분이 수두룩하게 발견되고 있다. 그들의 금속세공

품은 한결같이 모티프가 기발할 뿐만 아니라 가공 기술 또한 일품이다. 현대의 기술로도 따라잡기 힘든 경지에 이른 것이다. 그렇다면 그들이 사용한 이 많은 금은 도대체 어디서 구해왔을까 하는 의문이 제기된다. 남부 캅카스의 콜키스(Colchis) 지방에서 사금이 나기는 하지만 그것으로 엄청난 양의 금 수요를 충당하기는 도저히 불가능했을 터, 아마도 동방무역을 통해 금의 원산지인 알타이 일원에서 수입했을 것으로 추단된다.

필자는 일찍이 서구문명중심주의에 의해 문명권에서 소외된 북방 유목기마민족 문화를 하나의 새로운 문명권으로 설정하면서 그 중심에 서 있는 스키타이 문화에 각별한 관심을 가져왔다. 그 현장 몇 곳을 돌아보기는 했지만, 유물을 종합적으로 관조할 수 있는 기회는 종시 차려지지 않았다. 그러던 차에 예르미타시 박물관의 스키타이관을 찾게 된 것은 큰 행운이 아닐 수 없었다. 박물관 내의 미술전시관들은 관람객들로 붐비지만, 웬일인지 이 스키타이관만은 한산한 편이었다. 덕분에 유물을 꼼꼼히 살펴볼 수가 있었다.

4. 사르마트 Sarmat

스키타이를 비롯한 북방 유라시아 유목민들이 창조한 쿠르간 문화의 현장을 탐사하면서 가장 혼란스러웠던 것은 사르마트인들과 그

들이 창조한 쿠르간 문화를 가려내는 일이었다. 그 일이 어려웠던 원인은, 첫째 그들은 스키타이와 거의 동시대에 수세기 동안 강력한 기마군단을 앞세워 아랄해 동쪽에서부터 동로마 변경에 이르기까지의 광활한 초원지대를 석권하면서 스키타이는 물론 기타 여러 유목민족들과 문화적으로 뒤섞일 수밖에 없었던 점이고, 둘째 그들이 창조한 쿠르간 문화는 스키타이 문화와 매우 유사해 식별이 어려웠다는 점이며, 셋째 그들에 대한 연구가 매우 미흡하다는 것 때문이다. 40~50년 전만 해도 그들에 관한 연구는 거의 오리무중 상태였다. 근간에 러시아 고고학자들의 연구 성과에 의해 그 베일이 조금씩 벗겨지고 있다.

헤로도토스의 이야기에 의하면 사우로마타이족(Sauromatai, 사르마트의 고대 이름)의 시조는 전설적 여인 아마존과 스키타이의 젊은이 사이에 태어난 사람으로서, 언어학적으로 보면 스키타이와 친족관계에 있다고 한다. 사르마트는 아시아의 유목기마민족으로 '알란'(Alan) 또는 '알트'(Alte)라고도 불렸다. 동(東)이란 인종에 속해 북이란어를 사용하는 사르마트인들의 원주지(原住地)는 아랄해 연안과 그 이동 지역(카자흐스탄과 중앙아시아)이었으나, 기원전 6세기경 서북 방향으로 이동해 흑해 북안의 우랄 구릉 지대에 첫 정착지를 마련하였다. 이렇게 보면 사우로마타이족은 흑해 북안의 스키타이와 중앙아시아의 사카족(Saka)이나 마사게타이족(Massagetae, 그리스어) 사이의 지역에서 이 두 친족집단을 연결하는 중개자적 역할을 수행한 종족이라고 말할 수 있다. 러시아 고고학자들의 견해에 따르면, 사우로마타이족의 형성은 청동기시대의 초원문화, 특히 목곽분(木槨墳) 문화와 안드로노보 문화 담당자들의 역할과 떼어놓고는 상상할 수 없다고 한다.

이주민임에도 불구하고 활발한 정복활동을 벌여 불과 한 세기 만에 우랄강과 돈강 사이의 초원지대를 점거한 데 이어 기원전 4세기에는 돈강을 넘어 스키타이를 공격하기 시작하였다. 기원전 2세기에 이르러서는 대부분의 스키타이 부락을 복속시키고 남러시아 초원의 맹주가 되었다. 기원후 1세기에는 크림반도를 제외한 모든 남러시아 초원지대를 장악하고 로마제국에 대한 침입을 호시탐탐 노리고 있었다. 공포에 질린 로마는 메시아(Meccia, 현 불가리아)에 침입해 메시아로부터 아나톨리아(Anatolia, 현 터키) 중동부에 자리한 카파도키아(Cappadocia)에 이르는 변방 지역에 방어요새를 구축하였다. 2세기 말엽에는 다키야(Dakija)국까지 점령하였다. 그러나 3세기 말 곱트인들의 민족대이동 소용돌이에 휩쓸려 사르마트인들의 남러시아 패권은 흔들리기 시작하였다. 게다가 5세기 강력한 유목기마민족인 훈족과 아바르(Avars)의 서천(西遷)에 밀려 6세기에는 아예 역사무대에서 사라지고 말았다.

이렇게 약 1000년이란 긴 세월 온갖 풍파를 다 겪으면서 명맥을 이어온 사르마트의 역사 과정은 크게 4단계로 구분해 추적해볼 수 있다.

첫 단계는 기원전 6세기부터 4세기까지의 시기이다. 이 시기에 사르마트인들은 아시아로부터 우랄산맥 서부까지 서천하는데, 그 일족인 록소라니(Roxolani)는 볼가강 유역까지, 알란(Alan)인은 쿠반(Kuban) 계곡까지 진출해 정착하기 시작하였다. 사르마트인들도 이들 부족들을 따라 계속 이동해 5세기경에는 우랄산맥과 돈강 사이의 광활한 초원지대의 주인이 되었다.

두 번째 단계는 기원전 4세기부터 기원전 2세기 기간에 더 서천

해 돈강 유역을 지나 스키타이 영지까지 침입해 다년간 스키타이와 전쟁을 치른 시기로서, 점차 스키타이를 대신해 남러시아 남부 대부분 지역의 통치자가 되었다.

기원전 1세기부터 기원후 1세기까지는 세 번째 단계다. 사르마트인들은 정복 지역에서의 입지를 굳힌 후에는 지체 없이 로마제국의 속주 모에시아(Moesia, 현 불가리아)에 침입하였다. 비록 그들이 62~63년에 감행한 대로마 진공에서 참패를 당했지만 게르만인과 더불어 사르마트인의 접근은 로마제국의 서부 영토에 항시적인 위협이었다.

네 번째 단계는 기원후 2세기부터 4세기까지의 시기다. 이 시기에 강력한 중·경기병(中·輕騎兵)의 전력을 앞세워 사르마트인들은 계속 확전(擴戰)에만 매달렸다. 3세기에 이르러 곱트인들이 남하하면서 민족이동의 물결이 밀려왔지만, 일부 사르마트인은 여전히 연고지에서 요지부동하고 있었다. 그러나 더러는 곱트인들을 따라 참전해 서유럽 일원에 진입하기도 했다. 한편 370년 이후 흉노인의 서천 물결이 드디어 유럽에 밀려들었다. 흉노 치하에서 남러시아에 거주하고 있던 사르마트인은 점차 정체성을 잃어가게 되었다. 그들 중 일부는 흉노에 동화되었으나, 대부분은 서쪽으로 밀려나 기타 부족들과 연합해 흉노와 곱트 지역에서 끊임없이 '소요(騷擾)'를 일으키곤 하였다. 그러나 얼마 못 가서 6세기의 도래와 더불어 사르마트인은 역사의 뒤안길로 감쪽같이 사라지고 말았다.

로마제국의 군대 내에는 용감한 사르마트 용병이 적잖이 있었다. 그들은 보조 기병의 원천으로서 로마군의 전력 강화에 크게 이바지하였다. 전하는 바에 의하면 영국의 전설적 '영원한 왕'(the Once and Future King)인 아서 펜드라곤(Arthur Pendragon)은 원래 로마군에 고용된 사르마트 출신 기병이었다고 한다.

사르마트도 스키타이와 마찬가지로 로사란, 아오스, 시라크, 야지크, 이란 등 여러 부족들로 구성된 느슨한 부족연맹체였다. 그리하여 그들의 사회조직이나 생활양식은 스키타이와 매우 유사하였다. 사르마트인은 기마의 능수(能手)로서 철제 등자(鐙子)와 박차(拍車, 승마용 구두 뒤축에 달려 있는 톱니바퀴로 말의 배를 차서 빨리 달리게 할 때 사용)를 발명하였으며, 그들이 사용한 일부 작전은 로마인들에게는 일종의 수범(垂範)으로 받아들여지기까지 하였다.

사르마트 사회에서 여성의 지위와 영향력은 특별하였다. 여자들은 어려서부터 무기를 잘 다루어 남자들과 함께 수렵이나 전쟁에 나섰다. 여성의 분묘에서 발견된 여러 가지 무기와 마구를 통해 이를 확인할 수 있다. 여성들은 젊어서 전쟁터에 나가 싸워야 했고, 만일 전쟁터에서 적을 살상하지 못하면 결혼을 할 수가 없었다. 사르마트인들의 고분(쿠르간)에 매장된 전사자들의 유골 가운데 여성 유골이 적잖이 뒤섞여 있는 사실은 여성의 참전을 실증해주고 있다. 결혼한 여성들은 전쟁에 나가지 않는 대신 가사에 열중해야 했다. 여성은 제사장(祭司長)이라는 특권도 남성과 똑같이 향유하였

다. 사르마트인들이 남겨놓은 분묘군을 살펴보면 한결같이 여성의 묘가 중심에 자리하고 있다. 이를 두고 그리스인들은 '여인 정치'와 '여인 지배'라고 하였다.

사르마트인들은 독특한 매장문화를 가지고 있었다. 사후 땅을 파서 지하매장하는데, 관을 사용하지 않고 한 장의 가죽으로 시신을 돌돌 감싸서 묻는다. 또한 그들에게는 배장(陪葬)하는 풍습이 있었다. 사자의 머리는 북방을 향하게 하였다. 출토 유골에서는 그들의 특이한 두형(頭形)을 발견하게 되는데, 일률적으로 두개골이 길쭉하다. 이것은 일종의 변형 두개골인데, 그 원인은 어릴 적부터 천으로 만든 모자를 쓰고 있기 때문이라고 한다. 매장 유물 중에 목탄(木炭)과 해골이 함께 있는 점으로 미루어 사르마트인들이 조로아스터교(Zoroastrianism)를 신봉했음을 알 수 있다.

사우로마타이족은 드넓은 초원지대에서 유목 내지 반유목 생활을 하는 부족집단이었다. 이러한 집단의 형성 자체가 씨족사회에서 부족사회로의 이행을 의미한다. 사회에는 빈부의 격차가 발생하고, 공동체 내에서 불평등과 사회적 분화가 일어나고 있었다. 공동체의 기본재산인 가축은 개개 가족의 소유물로 전환되었다. 단 토지와 우랄 남부의 동광(銅鑛)은 여전히 부족의 공동 이용물이었다. 공동체의 지배자는 부족의 장로나 전투 지휘자, 사제와 그 측근들이 담당하였으며, 일반 공동체 구성원들은 정도의 차이는 있으나 모두가 공동체 지배자에게 종속되어 있었다. 이러한 새로운 계급관계의 성립에 따라, 특히 캅카스와 중앙아시아, 쿠반강 유역, 고대 오리엔트제국의 농업지대에 이동 정착한 사우로마타이족 사회는 바야흐로 부족연맹체 같은 국가체제에서 벗어나 고대 국가체제로의 이행을 향해 변화하고 있었다. 이러한 변화 과정에서 그들은 전래의 목축경제에서 점차 반목반농(半牧半農)경제로 순화하는 조짐도 보이고 있었다. 이에 따라 토기 제작이나 방직 같은 가내수공업의 발달은 물론, 골각(骨刻)이나 동물의장 같은 미술이 출현하고, 금속의 단조(鍛造)나 주조(鑄造) 기술이 고도로 발달하고 전문화되어 휘황찬란한 황금문화까지 창출하게 되었다. 사르마트인들은 저마다 천부적 수공업자들로서 아주 섬세하고 화려한 금속제품과 도자기를 만들어냈다.

전성기인 기원전 4세기경부터 사우로마타이 대신에 사르마트란 이름이 등장하는데, 전성기에 사르마트는 15일간의 여정에 해당하는 넓은 면적을 갖고 있었다. 그동안 러시아 고고학자들의 꾸준한 발굴 작업에 의해 괄목할 만한 성과를 거두었다. 대표적인 것이 1958년과 1959년 및 1962년 세 차례에 걸쳐 우랄 남부 오렌부르크(Orenburg)주 오르스크시 근교에서 진행한 대형 분묘군(약 50기의 쿠르간) 발굴 작업인데, 이 한 곳에서만 20여 기의 쿠르간을 발굴하였다. 1971년 발굴 작업을 재개해 고대(기원전 465~424) 이집트에서 설화석고(雪花石膏)로 만들어진 그릇 한 점을 발견하였는데, 측면에는 상형문자가 쓰여져 있다. 이것은 기원전 5세기 때 사르마트와 이집트 간에 교류가 있었음을 시사한다.

3개의 고분군을 품었던 바르나호(湖)

바르나

Varna

바르나

Varna

2005년 8월 불가리아 고고학자들은 수도 소피아에서 북동쪽으로 120km 지점에 있는 고도 바르나(Varna)에서 기원전 4000년경에 속하는 수만 점의 황금제품을 발견하였는데, 그 가운데에서 약 1만 5000점은 여러 가지 정교한 황금공예품(현 바르나 박물관에 소장)이다. 지금까지 알려진 바에 의하면, 이것은 인류가 창조한 최초의 황금제품이다. 그 주역은 스키타이와 동시대를 산 고대 유목민의 일족인 트라키아(Tracia)다. 그들의 역사 시말에 관해서는 별로 알려진 바가 없지만, 그들은 분명 인류 황금문화의 선구자였다. 일세를 풍미하던 스키타이조차도 그들을 범접할 수 없었다고 하니, 그들의 문명개화 정도와 위력을 가히 짐작할 수 있다. 기원전 5~4세기에 스키타이가 북쪽에서 남하해 바르나의 영내에 침입하려 했으나 고배를 마셨다. 지금까지도 바르나 이북 60km 떨어진 곳에 스키타이 후예들의 집성촌이 있다고 한다.

고고학자들은 바르나호(湖)에서 약 200년 시차를 두고 건조된 3개의 고분군을 발견하였다. 맨 처음 발견한 3호분에서는 31개의 황금구슬과 10~12세 소녀의 시신이 출토되었다. 이어 발굴된 1호분에서는 숱한 황금유물과 더불어 성인의 전신 유골도 반출(伴出)되었다. 1호 고분군에는 300여 개의 무덤이 모여 있었는데, 그중 64개의 무덤에서 황금유물이 나왔다. 총 무게는 6kg(그중 4개 무덤에서 5kg)에 달하는데, 가장 많이 나온 무덤은 왕의 무덤(능)으로 추측된다. 황금을 비롯해 트라키아인들이 남겨놓은 유물(5~6세기 비잔틴 점령 이전까지)들은 박물관의 10개 전시실에서 참관객들을 맞고 있다. 소피아대학교의 고고학 교수 마리아 치치코바(93세)는 트라키아 묘제(墓制)에서 보이는 스키타이 쿠르간과의 차이점에 관해, ① 목재를 사용하지 않는 것, ② 여러 가지 형태를 취하며 천장에 벽화를 그리는 것, ③ 묘는 지상에만 만드는 것 등 세 가지를 설명해주었다. 이와 같이 바르나의 황금문화 자체가 매우 흥미로울 뿐만 아니라, 스키타이의 황금문화를 이해하는 데도 일조가 되리라 믿고, 우리는 북방 유라시아 초원실크로드의 탐사를 바르나에서부터 시작하였다.

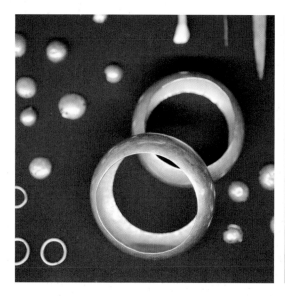

바르나 박물관에 소장된 황금유물

01

02
03

01 세계 최초의 황금유물이 소장된 바르나 박물관

02 요르다노프(Y.Yordanov) 교수가 유골을 근거로 복원한 트라키아 인면상

03 치치코바(M. Cicikova) 교수는 세계 최초의 황금문화 창조자인 트리키아인들의 쿠르간과 스키타이인들의 쿠르간의 차이점에 관해 다음과 같이 증언했다. 트리키아인들은, ① 묘에 나무를 사용하지 않는다. ② 형태가 다양하며 천장에 벽화를 그린다. ③ 묘는 지상에 쓴다

08   출토된 각종 철제 도검류와 도끼

09   출토된 황금구슬과 장식품

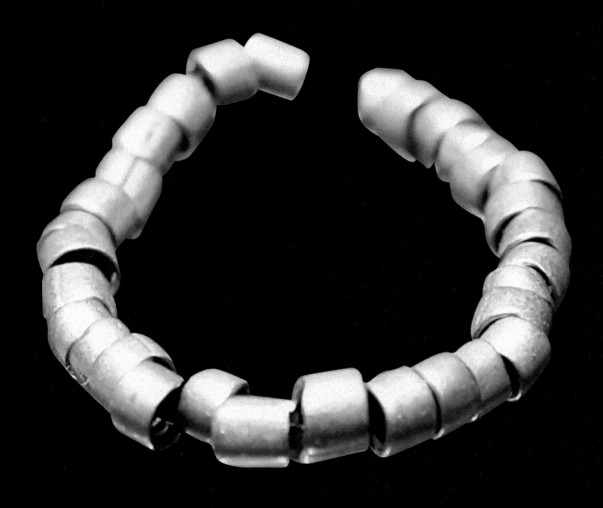

10 인류 최고(最古)의 황금유물

11 트라키아인들이 사용한 각종 황금장식품(기원전 5세기)

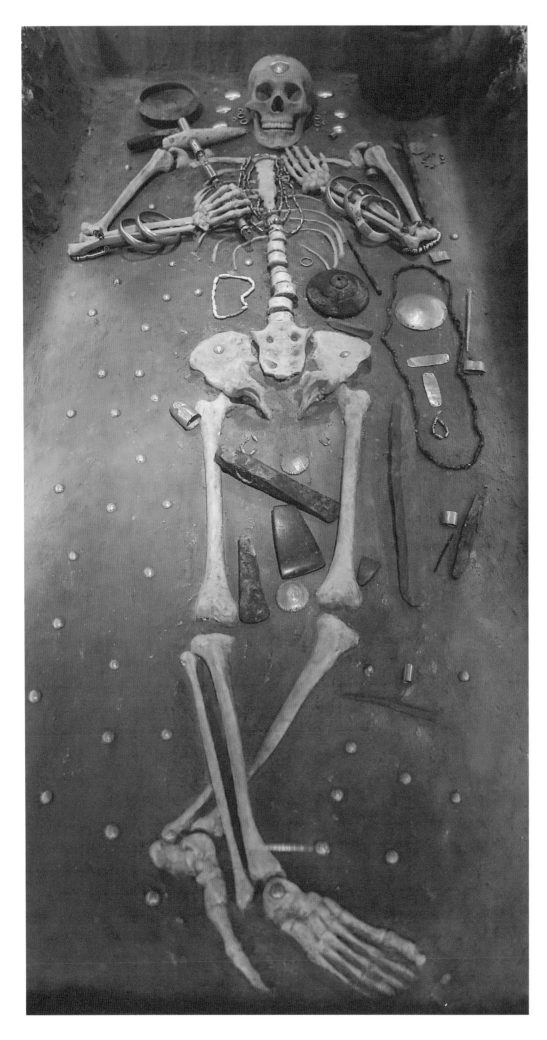

12　황금구슬이 깔려 있는 1호분의 인골 유해
(키 170~180cm)
1호 고분군에서 320여 개 무덤 발견, 그중 64개
에서 황금유물 출토. 총 무게 6kg, 그중 4개에서
5kg 출토(왕 무덤으로 추측)

13　황금구슬

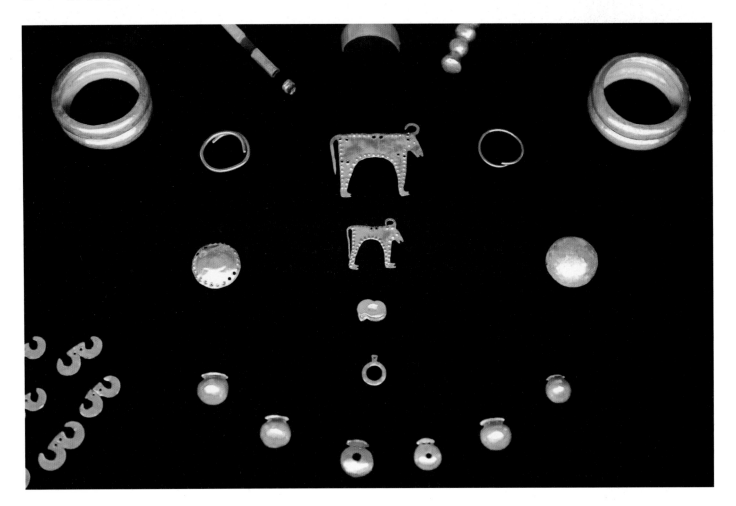

14

15

14 은제 동물장식과 팔찌

15 황금구슬 장식품

유네스코 세계문화유산에 등재된 고도(9세기 건설) 키예프의 전경

키예프

Kiev

키예프

Kiev

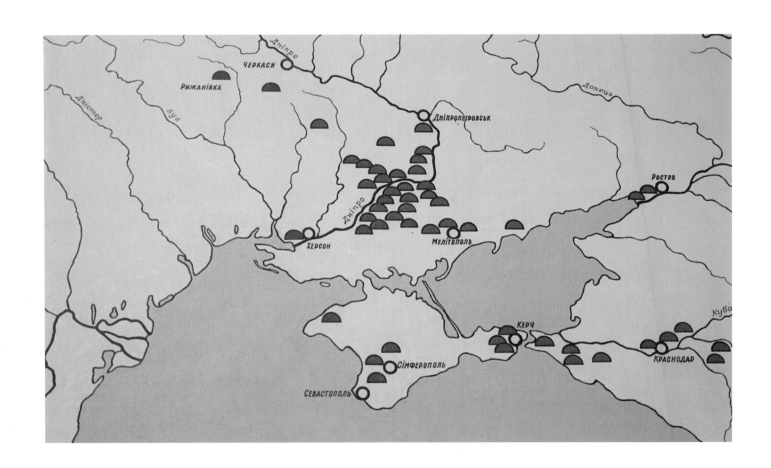

01 우크라이나 지역의 쿠르간에서 출토된 일괄 유물

02 드네프르강 양안을 중심으로 한 쿠르간 분포도

03 우크라이나 지역의 쿠르간에서 출토된 일괄 유물

04 아키나케스식 단검과 안테나식으로 보이는 세형검

05 스키타이 기마전사상

06 목걸이, 장미꽃 장식, 사슴 모양 장식판 등 황금유물

07 스키타이 장례 의식 모형도

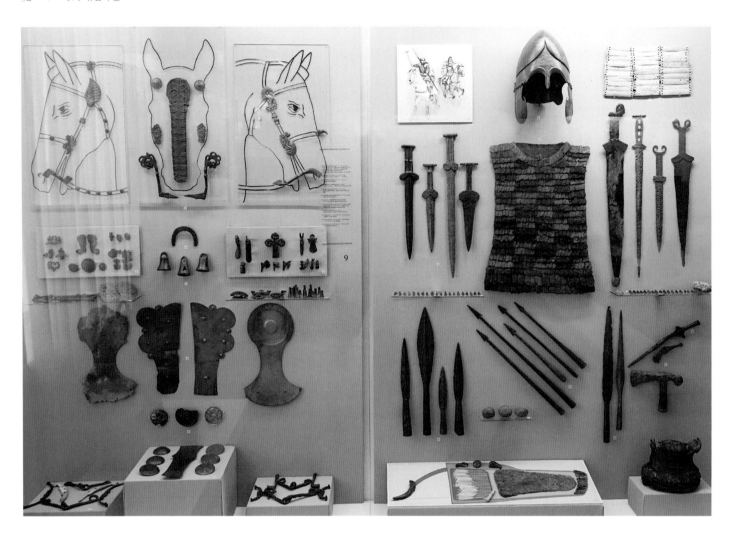

08 우크라이나 지역 쿠르간에서 출토된 각종 마구와 도검

09 석인상

10 쿠르간 단면도

11 스키타이 기마전사들의 사냥 모습. 말을 타고 달리면서
반대 방향을 향해 활을 쏘는 도상은 고구려 무용총 '수렵도'
의 페르시아식 기사법(騎射法)과 완전히 일치함

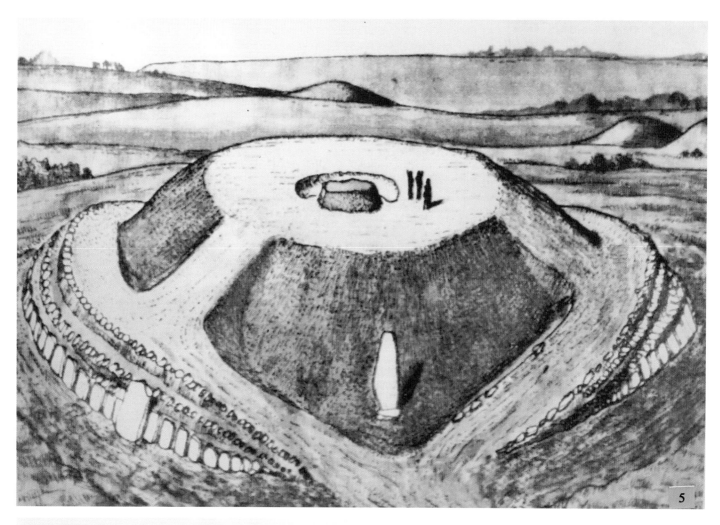

5

12 손잡이 달린 솥

13 동굴사원 외관. 이 사원 2층의 3개 전시실에 드네프르강 유역에서 발굴된 황금유물 대부분을 소장. 일부 사르마트의 황금유물도 전시

14 스키타이 전사 복식

15 스키타이 여인 복식

16 금관 장식

17 짐승 손잡이가 달린 황금 주전자

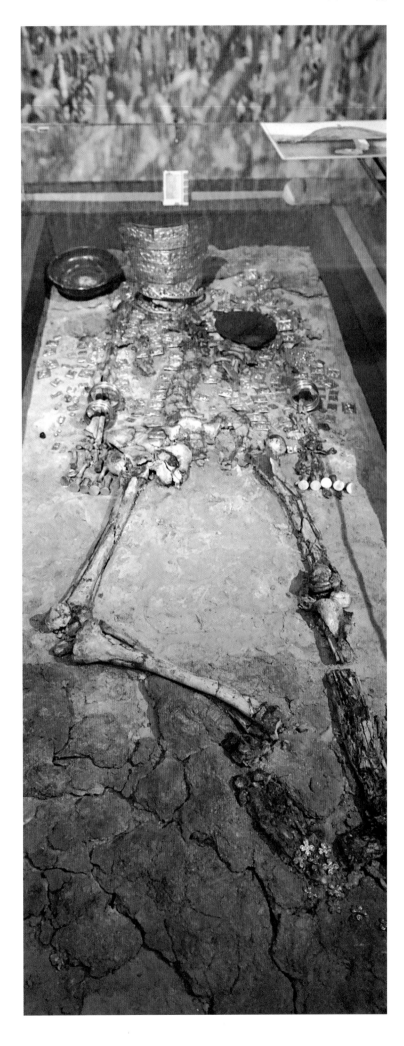

21 왕관 장식

22 검집

23 금박 장식이 부착된 나무그릇

24 황금 드리개를 촘촘히 한 금장식품

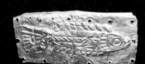
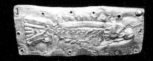

25 각종 황금장식품
고대유물과 일부 스키타이 유물, 모두 키예프 박물관에 이관

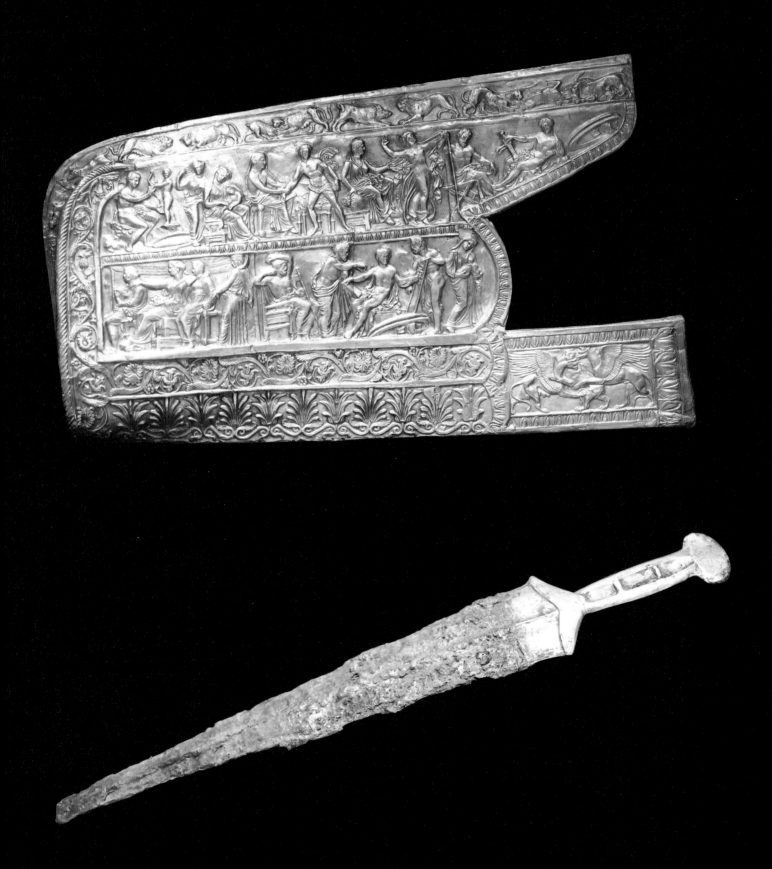

26 각종 황금장식품
고대유물과 일부 스키타이 유물, 모두 키예프 박물관에 이관

27 스키타이 전시실(1개 실)에 전시된 인근 쿠르간에서 출토된 일괄 유물

28 야뜨라네 마을 해바라기 밭 속에 묻혀 있는 2기의 쿠르간, 그중 1기는 반경 10m, 높이 5m쯤 되는 쿠르간

29	31
	32
30	33

29 드네프로페트롭스크 박물관 외경

30 박물관 학예사 옥사나(Okcana)는 약 1시간 반 동안 인근 쿠르간에 관해 열정적으로 설명하고 탐사 코스까지 일일이 잡아줌

31 40년간 농장을 관리해온 고둔. 그는 지적본(地籍本)을 들고 농장 안에 22기 쿠르간이 있는데 아직 5기는 미발굴이라고 증언

32 농장관리인 고둔이 지적본에 그려진 쿠르간의 위치를 지목

33 도굴 시 쿠르간에서 나온 돌덩어리(길이 150cm, 너비 50cm, 두께 30cm)

니코폴 인근의 체르톰리크 쿠르간

니코폴

Nikopol

01 드네프로페트롭스크(인구 97만 명의 공업도시) 남쪽 71km
지점에 있는 쿠르간의 도굴 모습(니코폴행 길 우측)

02 드네프로페트롭스크 남쪽 120km 지점에 있는 니코폴 박
물관 외관

03 니코폴 인근의 밀밭 속의 쿠르간(직경 15m, 높이 5m)

04 니코폴 박물관 부관장이며 동행 안내자인 쥬꼬브스키

Центр Великої Скіфії

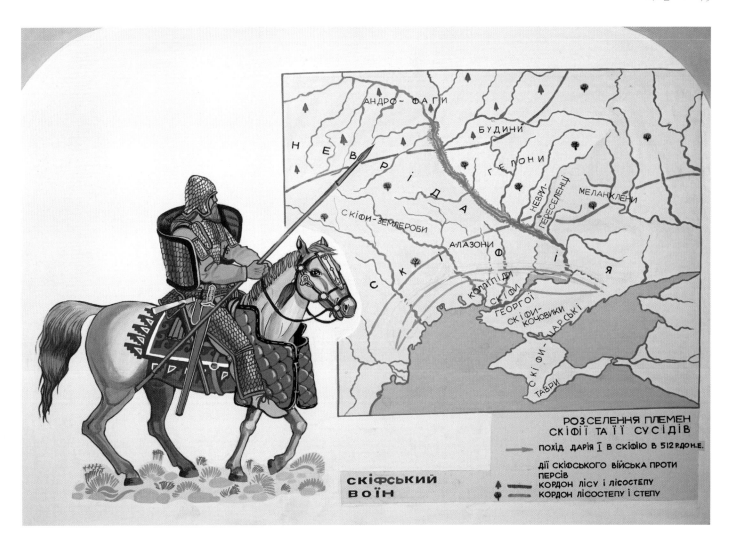

05 황금 빗과 가슴장식 발견지 지도

06 기마전투 장면

07 스키타이 기마전사와 주요 유적도

08 스키타이 기마전사와 환송인들

Дослідники минулого нашого краю

Лозолевський Борис Миколайович
Курган Товста Могила
Золота Пектораль

Граков Борис Миколайович
Нікопольський могильник
Нікопольський скіф

Веселовський Микола Іванович
Курган Солоха
Золотий гребінь

Забелін Іван Єгорович
Курган Чортомлик
Скіфська ваза

Веселовський Микола Іванович
Курган Солоха
Золотий гребінь

Забєлін Іван Єгорович
Курган Чортомлик
Скіфська ваза

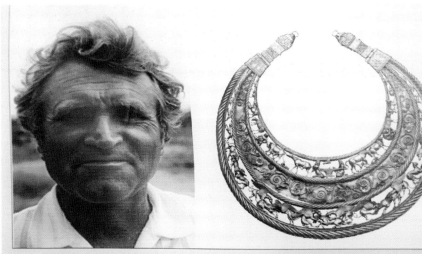

Мозолевський Борис Миколайович
Курган Товста Могила
Золота Пектораль

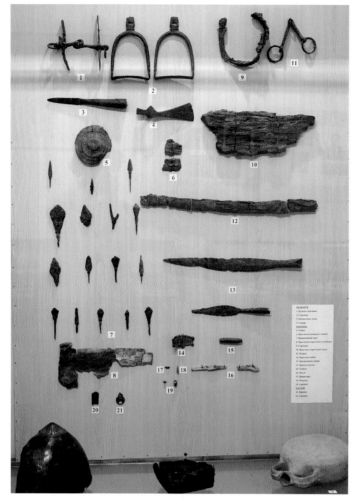

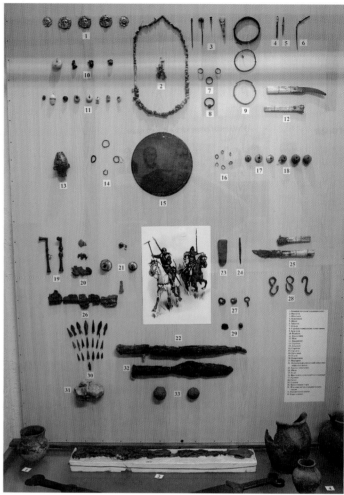

13.14 니코폴 박물관 인근 쿠르간에서 출토된
도검과 마구류

15 맷돌

16 쥬꼬브스키가 보여준 발굴 보고서 『체르톰
리크 쿠르간』

17 쥬꼬브스키가 보여준 발굴 보고서 『모길라
금관』

토브스타 모길라 쿠르간

Tobsta Mogila Kurgan

우크라이나 드네프로페트롭스크주(州) 오르조니키제시(市) 부근에 위치한 대형 쿠르간으로, 1971년 6월 21일 우크라이나 과학아카데미 고고학연구소 오르조니키제 유적 발굴대가 드네프르강에서 10여km 떨어진 오르조니키제시(주도 드네프로페트롭스크 이남 120km) 부근에서 이 쿠르간을 발견하였다. 발굴대장인 마조렙스키(Мазолеьський)가 고분 한가운데의 깊이 9m나 되는 지하에서 스키타이 왕족의 것으로 추정되는 기원전 4세기의 화려한 황금 가슴장식 1구를 발견하였다. 시내에 있는 니코폴 박물관 쥬꼬브스키(Zhukovsky) 부관장(59세)의 동행 안내를 받아 이 쿠르간의 내력을 상세히 알 수 있었다. 이 쿠르간을 발견한 마조렙스키 단장은 쥬꼬브스키를 고고학으로 인도한 은사로, 쥬꼬브스키는 그로부터 이 쿠르간의 발굴 경위를 자세하게 들었다고 한다. 지금 유적지는 철도역에 인접한 발전소와 새 철길 사이의 풀밭 속에 묻혀 있다. 원래 고분은 길이가 70~80m이고 중심부 높이는 10m(지금은 8m로 침하)이며 언저리 높이는 6m였다. 황금 가슴장식은 무릎까지 올라오는 진흙탕 속에서 발견하였고, 여왕의 금관은 도굴꾼들이 미처 알아내지 못한 언저리에서 발견하였는데, 지금은 키예프의 동굴사원에 보관되어 있다. 이 쿠르간에서 철제 갑주(甲冑) 등 부장품이 반출되었다. 묘는 나무나 돌은 쓰지 않았고, 시체는 관도 없이 밑에 카펫만 깔아놓았다. 외부의 봉토 흙은 드네프르 강변에서 가져온 '왈까'라는 흙이다. 시체는 하늘을 향해 반듯하게 누워 있는데, 머리는 북서쪽을 향해 있었다. 이 화려하고 정교한 가슴장식을 놓고 그 제작지와 제작자에 관해 두 가지 설이 맞서고 있다. 일설은 스키타이 같은 '미개인'에게는 아직 금공술이 없었기 때문에 그리스에서 스키타이인의 주문을 받은 그리스 장인에 의해 만들어졌다는 외래설이다. 타설은 이미 상당히 발달한 주철술(鑄鐵術)을 보유하고 있던 스키타이 장인이 만들었다는 자생설이다.

모길라 쿠르간 자리(철길)

18

19

18 니코폴 박물관 인근 마을 밖에 있는 한 쿠르간

19 모길라 쿠르간에 관해 설명하는 쥬꼬브스키

체르톰리크 쿠르간

Chertomlyk Kurgan

우크라이나 드네프로페트롭스크주(州) 니코폴시(市) 북서쪽에 자리한 기원전 4세기의 왕족 스키타이의 분묘이다. 1863년 자벨린(I. E. Zabelin)이 발굴한 이 대형 쿠르간의 높이는 60피트(약 20m)이고, 둘레는 1100피트다. 왕의 시신이 묻혀 있는 주실(主室)의 상단 길이는 15피트 7인치이며, 하단으로 내려갈수록 넓어진다. 주실의 네 귀퉁이에 각각 부실(副室) 하나씩과 그밖에 또 하나의 부실, 모두 5개의 부실이 달려 있는데, 부실마다에 서로 다른 유물들이 부장되어 있다. 북서쪽 부실에서 유명한 은제 금박의 '체르톰리크 암포라'(항아리)가 발견되었다. 높이가 약 70cm나 되는 이 그리스풍의 암포라는 그리스 장인에 의해 만들어진 것이며, 용도는 마유주(馬乳酒)를 담는 그릇(항아리)으로 추측된다. 표면은 화려한 문양들로 장식되어 있다. 어깨에는 말을 길들이는 조마도(調馬圖)가, 동체에는 새와 나무 문양들이 정교하게 새겨져 있다. 체르톰리크 쿠르간을 빛낸 또 다른 유물로 두 개의 금박 칼집이 있다. 칼집에는 사슴을 공격하는 그리핀의 동물투쟁도를 비롯해 스키타이와 페르시아 간의 전쟁도도 생동하게 새겨져 있다. 유물들은 거의 대부분 금박 장식이 되어 있는데, 진품은 전부 러시아 예르미타시 박물관에 소장되어 있다. 이 쿠르간의 유적지는 지금은 불도저로 갈아엎어 완전히 평지가 되고 말았다. 몇 개 널려 있는 돌은 쿠르간을 에워쌌던 돌들이며, 수습된 3개의 석인상(石人像) 중 완벽한 두 개는 니코폴 박물관에 소장되어 있고, 하나만이 반신이 잘린 채 현장에 쓸쓸히 서서 왕사(往事)를 증언하고 있다.

체르톰리크 쿠르간으로 안내하는 쥬꼬브스키

20

제1부 유럽 구간

21 22

20 체르톰리크 쿠르간 원경

21 도굴 시 출토된 돌덩어리

22 남아 있는 비석

23　자포리자(Zaporizhia)의 드네프르강 댐과 발전소

24　코자크(Cossack) 기병들의 기마술 공연

25　전통 가옥

솔로하 쿠르간

Solokha Kurgan

우크라이나 자포로제주(州) 즈나멘카(Znamenka) 마을 동남쪽에 있는 기원전 5세기 말에서 4세기 초의 스키타이 쿠르간이다. 3개월간 북방 유라시아 초원지대를 누비면서 60여 기의 쿠르간을 현장 탐사를 했는데, 유일하게 입구에 현장을 알리는 안내 표식(길이 약 5m)이 세워져 있는 쿠르간이었다. 그만큼 이 쿠르간이 차지하는 위상이 높다는 뜻이겠다. 큰 기대를 걸고 숲속 600여 m를 헤치며 쿠르간의 발치에 이르렀다. 주도 자포로제에서 남쪽으로 약 150km 지점에 있는 이 유명한 쿠르간은 1912~1913년 사이에 베셀롭스키(N. I. Veselovski)에 의해 발굴되었다. 지금은 다른 쿠르간들과 마찬가지로 도굴과 발굴이 이어지다 보니 원래의 실태, 특히 묘 내부의 실태는 제대로 파악할 수 없다. 주로 발굴자들이 제출한 발굴 보고서에 의존할 수밖에 없는데, 다만 남아 있는 흔적에서 외형상 규모 같은 것은 어림잡아 짐작할 수 있다. 이 쿠르간의 높이는 약 20m쯤(일설에는 18m) 되며, 직경은 80m가량으로 중형(中型)에 속한다. 내부 구조는 주실(主室)과 부실(副室)의 두 개로 구성되어 있는데, 발굴 당시 주실은 다 도굴되었고, 부실에서만 황금 빗과 동물투쟁문 헌배(獻杯)를 비롯한 3개의 청동솥, 황금 사자머리 장식, 황금장식의 뿔잔, 동물장식의 칼집과 철검, 은제 용기, 180개의 청동 화살촉이 담겨 있는 활통, 그리고 그리스식 암포라 토기, 그리스식 투구 등 유물이 반출되었다. 출토 유물에서 보다시피, 이 쿠르간은 스키타이와 그리스의 미술문화가 융합된 그레코 스키타이식 분묘다. 여러 출토품 중 압권은 전체 스키타이 황금문화 미술에서 가장 뛰어난 걸작으로 평가받는 황금 빗이다. 빗의 형태를 빌려 조각한 이 황금 빗의 주제는 스키타이의 영웅서사시에 나오는 세 무사의 투쟁 장면을 형상화한 것이다. 이 작품은 스키타이인의 주문을 받고 이웃한 그리스 장인이 당시 가능했던 모든 금공기법을 동원해 창작한 세기적 작품이라는 데 이의를 제기하는 사람은 없다.

황금 빗이 발견된 솔로하 쿠르간 입구 표시판

솔로하 쿠르간의 근경, 도굴 흔적

솔로하 쿠르간의 원경

솔로하 쿠르간의 근경, 도굴 흔적

스키타이의 옛 거주지(Scythai Neo Polis) 유구 전모

심페로폴

Simferopol

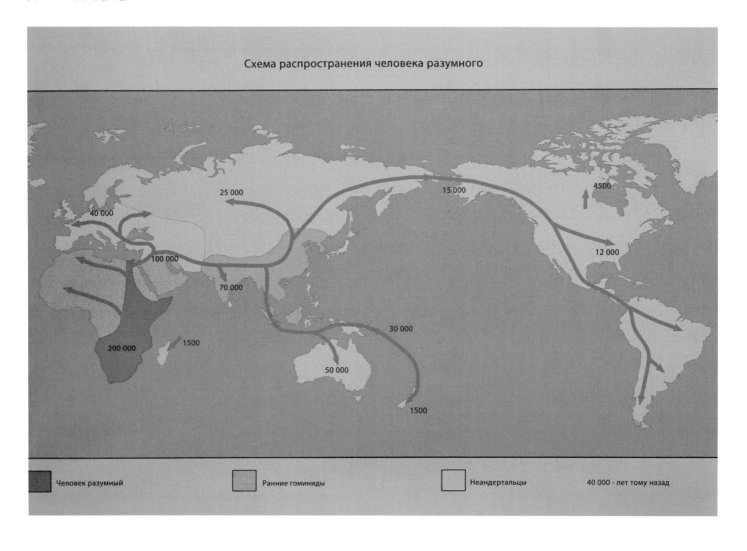

Схема распространения человека разумного

Человек разумный　　　　Ранние гоминиды　　　　Неандертальцы　　　40 000 - лет тому назад

01 현생인류의 이동로 지도

02 타브리디 박물관 외관

03 제7차 십자군원정의 총지휘자인 프랑스
루이 9세가 몽골에 파견한 사신인 뤼브뤼키
(1252~1255)와 마르코 폴로(1271~1295)의 중
국 왕복노정도

04.05 스키타이 기마병과 갑옷

06 아키나케스식 검

07 이카르(Ak-kar) 쿠르간 발굴 현장(2층 청동
기 전시실)

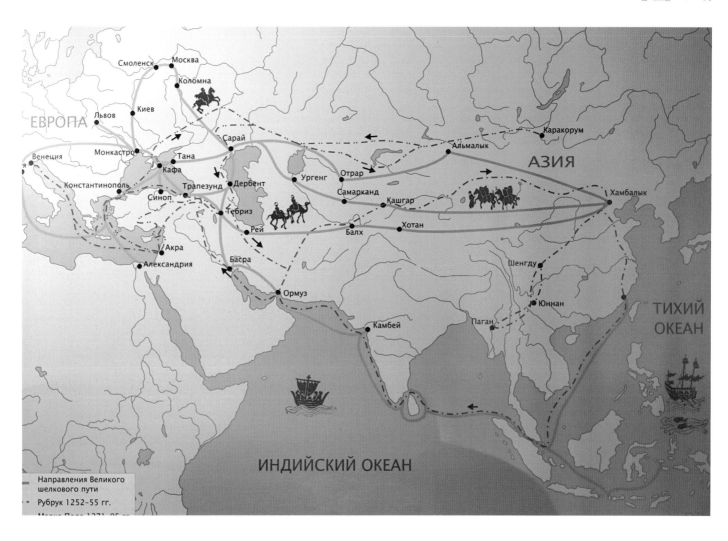

Направления Великого
шелкового пути

Рубрук 1252-55 гг.

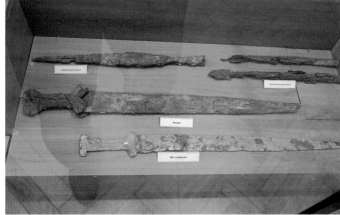

09 제단 터

10 스키타이 옛 거주지 유구 전모

11 집터

19 얄타 회의장(황궁)

20 1945년 2월 얄타 3수뇌 회의실

21 처칠, 루스벨트, 스탈린 3거두 회의 모습

22 얄타 역사문학박물관 외관

23 얄타 역사문학박물관에 소장된 황금장식 박편(아카르 쿠르간 출토)

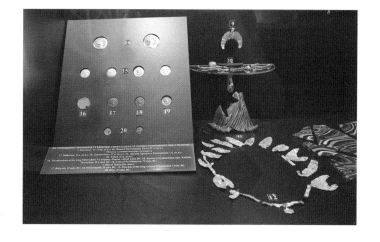

케르치시 전경

케르치

Kerch

01		04
02		05
03		

01 흰색 석회암의 기암절벽

02 기암절벽의 정상에서 '흰산' 마을을 부감

03 베시오바(Besh Oba, 5개 언덕, 즉 5기 쿠르간)의 쿠르간 표지석

04 베시오바 쿠르간의 처참한 도굴 상태

05 베시오바 쿠르간 정상

06 흰산(Beluya Skala) 정상에서 부감한 산하 마을 전경

07 | 08
09 | 10

07 케르치 역사박물관 외경. 케르치 일원에 1200여 기 쿠르간이 분포

08.09.10 인근 쿠르간에서 출토된 일괄 유물

| 11 | 14 |
| 12 13 | 15 |

11 박물관 바깥 임시보관소에 수장된 토기와 석기류 등 유물

12 양머리 조각상

13 인물이 그려진 채색 도기병

14.15 각종 유리그릇

16

17

16   부상당한 전우의 다리를 감싸주는 장면

17   전우에게 음식을 먹여주는 장면

쿨오바
쿠르간

Kul-Oba Kurgan

케르치시(市) 중심에서 서쪽으로 약 7km 지점에 자리한 대형(높이 30m, 길이 250~300m) 스키타이 쿠르간이다. 크림 타타르어로 '쿨'은 '재', '오바'는 '언덕, 산'이란 뜻으로, 쿨오바는 '타다 남은 재로 된 언덕(산)'이란 의미다. 기원전 330년경에 조성된 이 쿠르간은 왕실급 무덤으로 1830년에 두브룩스(P. Dubrux)와 스텝코프스키(I. Stempkovsky)에 의해 첫 발굴이 시작되었다. 묘실의 크기는 높이 4m, 길이 4.2m로 거의 정사각형 모양이며, 5.3m의 계단을 통해 올라간다. 왕의 시신은 동쪽 벽면에 반듯하게 누워 있었고, 남쪽 벽면에는 노예 순장 흔적이 남아 있었다. 목관 밑에 있는 비밀 방은 도굴꾼들에 의해 발견되었다. 반출된 유물로는 말을 탄 스키타이인, 각배를 든 두 스키타이인, 인물상이 그려진 황금 항아리, 461g 무게의 황금 목걸이, 황금 귀걸이, 구리거울, 그리스 여신상(니케) 등 다수가 있다. 유물은 예르미타시 박물관에 소장되어 있다. 유물의 예술성에서는 스키타이 양식과 그리스 양식의 혼합성이 뚜렷이 나타난다.

쿨오바 쿠르간 원경

18 케르치 교외의 알툰(황금) 쿠르간에서 부감한 마을 전경

19 알툰 쿠르간 도굴 상태

20 시내에 있는 멜렉체스멘스키 쿠르간 정문

21 멜렉체스멘스키 쿠르간 내력 소개문

22   시내에서 동북 방향으로 6km 떨어진 곳에 자리한 각추형(角錐形) 팔스키 쿠르간(왕릉)의 외경

23   팔스키 쿠르간 간판

24   팔스키 쿠르간 발굴 현장

25	28
	29
26	30
27	

25 각추형 짤스키 쿠르간 내부

26 쿠르간 발견자와 발견 과정 소개글

27 인근 쿠르간에서 출토된 황금유물 소개글

28 유명한 쿨오바(크림 타타르어로 '재로 된 언
   덕'이란 뜻) 쿠르간

29 쿨오바 쿠르간 정상에서 굽어본 주변 마을

30 쿨오바 쿠르간의 도굴 상태

해바라기 밭 속에 묻혀 있는 켈레르메스 쿠르간

마이코프

Maykop

01 인류계보도

02 마이코프 인근 유적분포도

03 크림대교(Crimean Bridge), 2018년 5월 개통, 전장 19km

04 마이코프의 아디게야 박물관 정문(책임연구원 아슬란과 필자)

05 아디게야 박물관 책임연구원 토보 아슬란이 기증 서적에 서명하는 장면

06 각종 동물의장의 장식품, 마구 장식 파편, 재갈 등
박물관 책임연구원 아슬란과 연구원 안드레이 (Andrey)는 한창 전시 준비 중이던 쿠르간 출토 유물을 보관상자째로 들고 나와 보여주며 일일히 설명까지 해주는 최선의 친절을 베풀어주었다

07 점박이 구슬

08 스키타이 남녀의 다양한 복식

09 책임연구원 아슬란이 보관상자에서 보여 줄 유물을 선별하는 장면

10

11

10 해바라기 밭 속에 솟아 있는 켈레르메스 쿠르간

11 쿠르간을 답사하는 일행(왼쪽부터 안드레이 연구원, 필자, 아슬란 책임연구원, 강상훈 전문위원)

켈레르메스 쿠르간

Kelermes Kurgan

러시아 크라스노다르 지방의 아디게야 공화국의 수도 마이코프(Maykop) 동북쪽 27km 지점에 자리한 중요한 쿠르간으로서, 1903~1904년 베셀롭스키(솔로하 쿠르간 발굴자)에 의해 발굴되었다. 규모는 높이 20여 m, 길이 120여 m의 대형 쿠르간이다. 괴수의 행렬, 생명의 나무, 날개 달린 인물 등을 새긴 도금한 칼집과 칼자루, 전투용 도끼, 프리기아(고대 아나톨리아의 왕국)의 농업신상, 그리핀과 스핑크스의 투쟁도로 장식된 은제 거울, 금제 표범 장식을 한 스키타이 동물의장 등 고대 오리엔트 미술의 영향이 확연한 유물들이 출토되었는데, 모두가 예르미타시 박물관에 소장되어 있다. 동행한 아디게야 박물관 책임연구원 아슬란(Аслан)이 땅바닥에 그림을 그려가며 묘의 구조를 설명해주었다. 그의 설명에 의하면 묘는 남북으로 길게 조성되었는데, 남쪽에 입구가 나 있고, 석축으로 외주를 두르고 봉토했으며, 관은 목관이다. 쿠르간 곁으로는 아유룸(Ayurum)강이 흐르고, 강 연변에는 10기의 쿠르간이 있으며, 마이코프시 주변에는 약 1000기의 쿠르간이 널려 있다. 지금 이 켈레르메스 쿠르간은 한 키 높이의 해바라기 숲속에 완전히 파묻혀 분정(墳頂)만 약간 드러나 있다.

켈레르메스 쿠르간 원경

12 다양한 쿠르간 매장 양식

13 양, 말, 소, 사자 등 다양한 동물 문양

14 참고문헌을 보여주는 박물관 연구원 안드레이, 탐사에 동행

15 마이코프시 근교의 사라진 울람 쿠르간 자리, 지금은 해바라기 밭으로 흔적을 찾을 수 없음

16 시내에 1950년 세워진 마이코스카 쿠르간 기념비(높이 15m). 기원전 5세기에 축조된 이 쿠르간의 비문에는 '오샤드'(ОШАД)라고 적혀 있는데, 이 말은 이곳 아디게야어로 '쿠르간'이란 뜻임

17 마이코스카 쿠르간 기념비의 배면

18 마이코프시에서 60km 떨어진 마을 어귀에 만들어진 높이 15m, 길이 100m의 울스키(Ulsky) 쿠르간. 절반이 도굴 상태

19 울스키 쿠르간 근처 마을 입구에 있는 작은 쿠르간

20 울스키 쿠르간의 도굴 상태

21 마이코프시 진입로에 세워진 '마이코프'라고 쓰인 도로 표지판

마마이 쿠르간에 세워진 대형 어머니 동상

볼고그라드

Volgograd

01 사르마트 쿠르간에서 출토된 일괄 유물

02 각종 도검류와 솥, 장식품

03 볼고그라드 박물관 안내판. 볼고그라드(옛 스탈린그라드) 지역은 스키타이 영향을 받은 사르마트 유목민들이 활동하던 지역으로서, 스키타이와 유사하면서도 독특한 문화유산을 남겨 놓음

04 각종 장식 유물

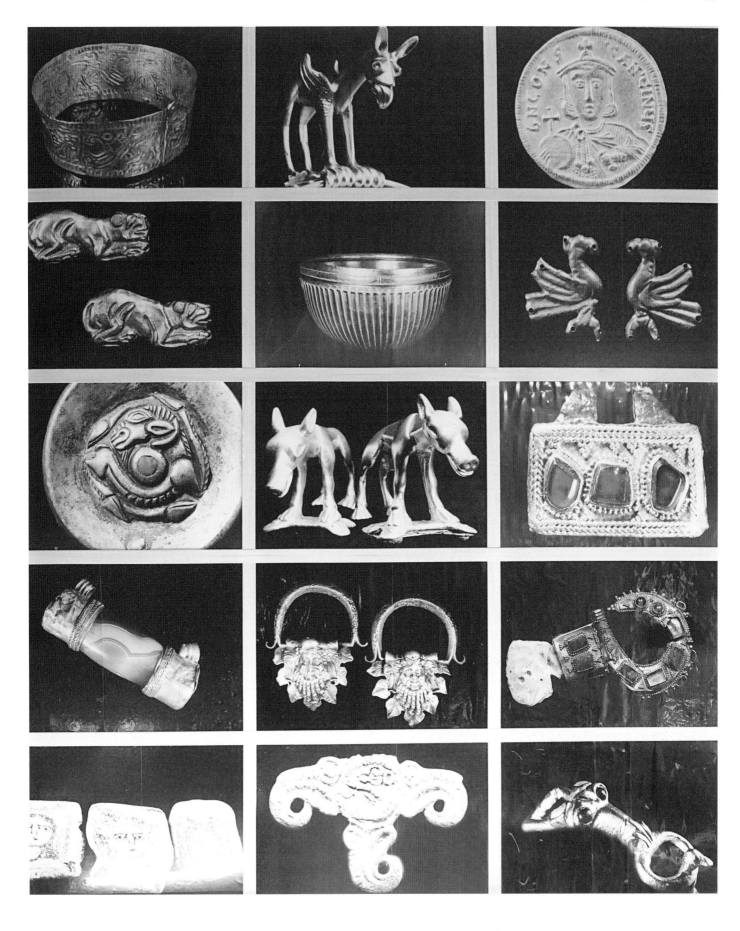

05 철제 동물 손잡이 솥

06 맷돌

07 볼고그라드 박물관에 소장된 아키나케스식 검

08 각종 금속장식품

09 말 장신구

10 스키타이식 석인상 형상과 구별되는 석인상

11 석인상

12 각종 사르마트식 검

13 '킵차크 칸국과 위대한 실크로드' 지도(우루무치 박물관 소장)

14 전통 여성 복식

15 사르마트 궁인(弓人)

16 유리뿔잔

17 황금구슬과 칼 장식품

18 황금구슬과 고리 장식품

19 여러 가지 농기구

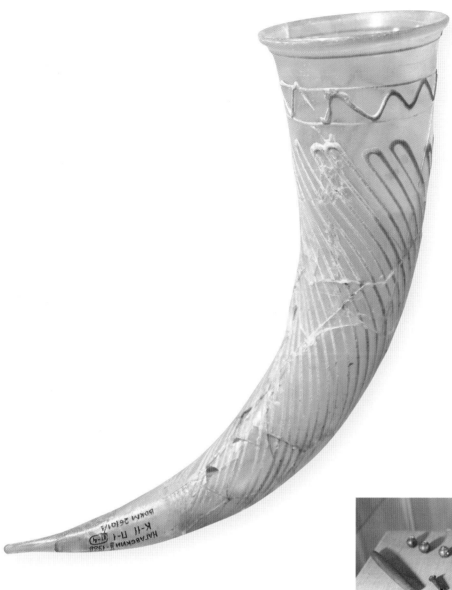

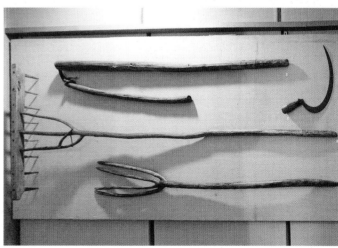

20

21 22

20 유럽에서 제일 긴 볼가강(길이 약 3700km)

21 '조국의 어머니는 부른다' 대형 동상
볼가강가에 마마이 쿠르간 자리에 세워진 대형
어머니 동상 '조국의 어머니는 부른다'. 제2차 세
계대전 때 어머니들이 아들들에게 조국 수호 전
쟁에 나설 것을 독려한 장거를 기념하기 위하여
1958~1967년에 세움

22 마마이 쿠르간 안내문

23 시에서 117km 떨어진 볼샤야 이반노브카(Bol'shaya Ivanovka) 마을 도착 전 6km 지점에 자리한 쿠르간(높이 2.5m, 직경 50m)

24 약 80기의 사르마트 쿠르간. 모두가 사르마트의 소형 쿠르간, 최대가 높이 2m, 직경 20m가량, 특이한 것은 그중 3기는 백색 돌로 덮어놓음. 모두가 돈강과 그 지류인 레카 배르디아강 사이(마을 뒷 초원)에 집중되어 있음

25 높이 1m, 직경 5m 정도의 한 쿠르간의 도굴 상태

사마라

Samara

01 사마라의 알라비나(Alabina) 박물관 외관

02 사르마트 쿠르간 전시 안내문. 2층에 '사르마트 유물전시실' 1개가 있는데, 주로 필립포브카 1호와 2호분 쿠르간에서 출토된 유물(복사본)을 전시

03 사마라 성당 외관

04 산양상이 달린 금박팔찌(오렌부르크 출토)

05 사마라 필립포브카 1호분에서 출토된 아키나케스식 단검

06 동물의장

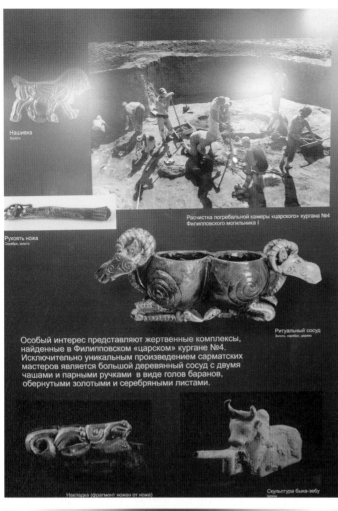

Нашивка
Золото

Рукоять ножа
Серебро, золото

Расчистка погребальной камеры «царского» кургана №4 Филипповского могильника I

Ритуальный сосуд
Золото, серебро, дерево

Особый интерес представляют жертвенные комплексы, найденные в Филипповском «царском» кургане №4. Исключительно уникальным произведением сарматских мастеров является большой деревянный сосуд с двумя чашами и парными ручками в виде голов баранов, обернутыми золотыми и серебряными листами.

Накладка (фрагмент ножен от ножа)

Скульптура быка-зебу
Золото

Пряжка нагрудная
Серебро, золото

Пряжка нагрудная
Золото

В конце V-IV вв. до н.э. на вершинах сыртов в привольных степях возникают некрополи военно-жреческой сарматской аристократии, состоящие из большого количества курганов крупных размеров. Всемирно известный Филипповский I курганный могильник располагался в Илекском районе. Курганы земляные, диаметром от 40 до 100 м, в высоту 4-10 метров.

Накладка на венчик деревянной чаши
Золото

Вид на «царский» курган №4 до раскопок

Гривна шейная, литая
Золото

Меч парадный
Золото, серебро, железо

Крюк колчанный
Серебро, золото

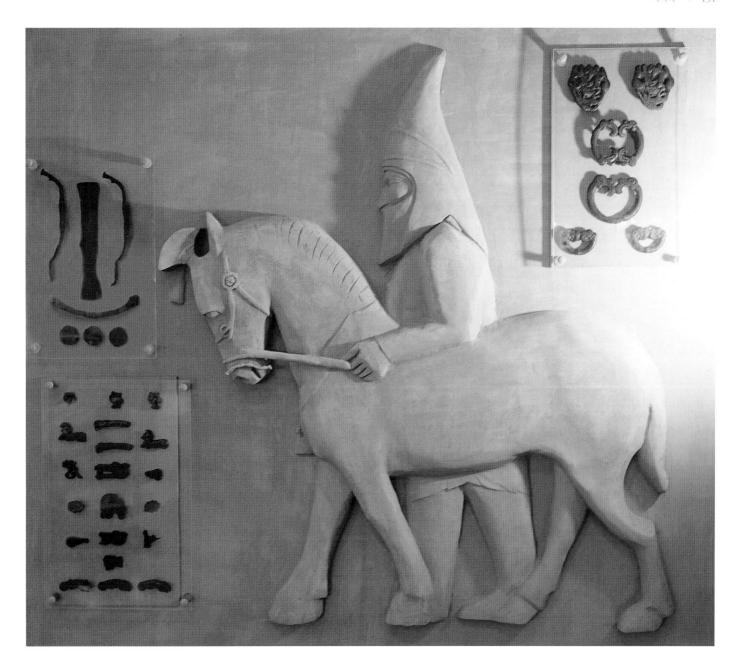

07 　쿠르간 발굴 현장과 출토 유물

08 　팔스키 쿠르간과 황금 목걸이, 황금 원통 장식품, 금박팔찌 등 출토 유물

09 　황금 손잡이 거울

10 　장식검

11 　고깔모자를 쓴 사르마트 기마병

12 　사르마트 여인의 전통 복식

필립포브카 쿠르간 위에서 바라본 초원 전경

오렌부르크

Orenburg

오렌부르크

01 오렌부르크 박물관 입구

02 인근 지역 쿠르간에서 출토된 일괄 유물

03 석인상

04 중국 영향의 철제 사자상

05 채색 암각화가 그려져 있는 돌기둥

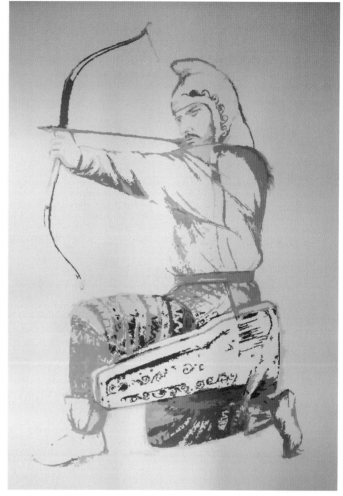

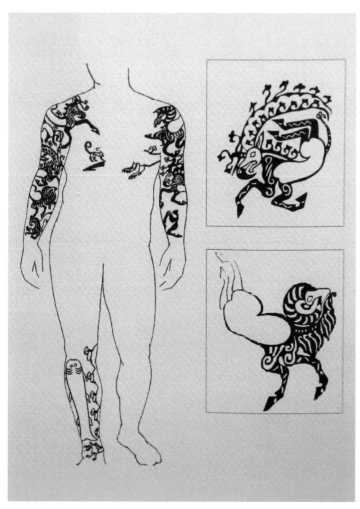

12 산양 머리 모양의 팔찌

13.14.15.16 황금팔찌

17 동물 조각상 장식품

18 황금그릇(대접)

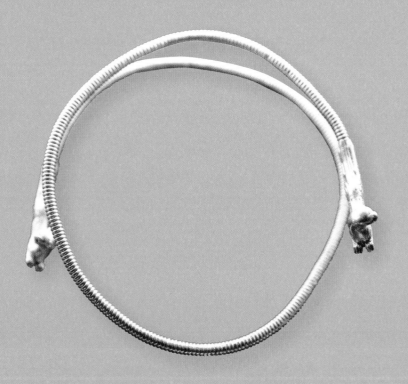

25 목걸이 장식용 소형 부품

26 상감 고리와 단추, 황금 옷 장식품

27 황금 손잡이와 동물 조각면을 가진 거울

28 상감고리

29 황금장식품(속이 빈 줄)

30 황금단추

31 황금 목걸이 장식

32

33

32 심을 박은 단검

33 사르마트 공예 예술의 백미 누금세공으로
장식한 목걸이

34	35	37
36		38

34 사르마트 여인 복식

35 동물의장

36 손잡이 달린 대형 철제 솥

37 필립포브카1 쿠르간의 4호분

38 필립포브카 쿠르간 도굴 상태

40 보소카야 모길라 쿠르간 근경

41 박물관 연구원의 해설 장면

42 쿠르간 위의 검측기를 점검하는 박물관 연구원

43 현재 발굴 중인 보소카야 모길라 쿠르간

44 보소카야 모길라 쿠르간 발굴 조사 현장

45 보호벽(해자로 추정)이 둘러 있는 쿠르간

46 소형 쿠르간군

47 반토막의 쿠르간

48 빼찌마르 쿠르간 가는 길

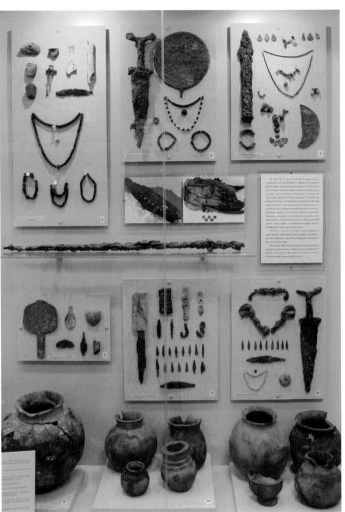

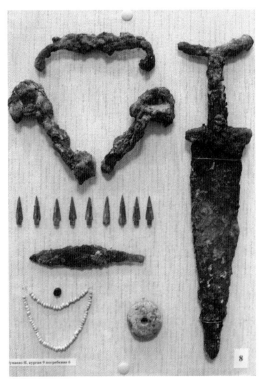

49.50.51.52 인근 쿠르간에서 출토된 일괄 유물

53 사르마트 전사들 모습

첼라빈스크 초원과 쿠르간

첼랴빈스크

Chelyabinsk

01		03	04
02		05	06

01 남우랄 국립박물관 외관. 2층의 '역사와 민족생활'관에 스키타이, 사르마트, 흉노, 몽골 등의 이동 관련 유물 전시

02 목곽분 나무 잔재

03 2층 '역사와 민족생활'관에 전시된 유골

04 키치기노(Kichigino) 쿠르간 등에서 출토된 일괄 유물(토기그릇, 검 등)

05 동물 문양 빗

06 동물이 새겨진 장식품

Сергей Геннадьевич Боталов

Александр Дмитриевич Таиров
на раскопках могильника у села
Кичигино. Увельский район. 2007 г.

Алексей Геннадьевич Гаврилюк
на раскопках раннесакского могильника Иртяш

07	08	14
09	10	
11 12		15
		16 17

07 키치기노 쿠르간 발굴 현장

08 2006년 키치기노 쿠르간 발굴자

09 발굴 현장 모습

10 적석묘에서 돌을 들어내는 모습

11.12 석인상

13 사르마트 여인의 두상

14 사르마트 전통 복식

15 황금띠와 여러 가지 드리개 보석

16 상감구슬과 황금고리

17 흥성거리는 교역장(회화)

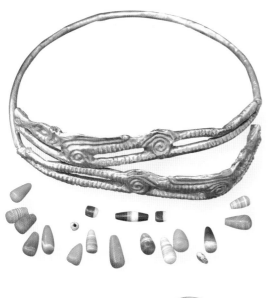

18
19

18 사르마트인들의 일상생활 용품

19 박물관 수장재 관리인 알렉세이와 필자
대화에서 알렉세이는 세 가지 중요한 문제를 증언하였음. ① 사르마트와 사카는 인류학적으로나, 문화적으로 스키타이의 영향을 많이 받았으므로 이 세 종족을 하나의 인류공동체로 간주해도 무방하다. ② 스키타이 쿠르간과 사르마트 쿠르간의 차이점은 a) 규모에서 스키타이는 대형, 사르마트나 사카는 중소형. b) 스키타이는 시신을 지상에 묻지만, 사르마트는 땅을 파고 묻는다. c) 사르마트 쿠르간에는 공물(供物)이 없으나 스키타이는 있다. ③ 스키타이는 볼가강 이동까지 오지 않았으며, 그 이동 지역은 사르마트와 사카기 통치히였디. 근거는 이동에서 스키타이 쿠르간이 발견되지 않는 것

키치기노 쿠르간

Kichigino Kurgan

첼랴빈스크주(州) 주도인 첼랴빈스크(Chelyabinsk, 옛 스탈린그라드)시에 있는 남우랄 국립역사박물관 2층 '역사와 민족생활' 전시실에는 스키타이와 사르마트, 사카족, 흉노, 몽골 등 북방 유라시아 초원에서 활동했던 주요 유목민들의 역사와 이동에 관한 귀중한 유물들이 전시되어 있다. 그리고 1층 입구의 로비에는 이 지역 주요 쿠르간의 발굴자들을 소개하는 안내장이 붙어 있다. 특히 주목을 끄는 것은 키치기노 쿠르간과 시 남쪽 270km 지점에 있는 엘라이프타우(Elaivtau) 쿠르간을 비롯한 몇몇 주요 쿠르간의 발굴 현장 사진과 소개글이다. 2층 전시실에서는 박물관 수장재(收藏財) 관리책임자 알렉세이 샤피로(Aleksey Shapiro)와 약 40분간에 걸쳐 아주 유익한 대화를 나눴다. 그간 궁금했던 여러 문제에 대해 물었는데 알렉세이는 정말 친절하게, 그리고 이해하기 쉽게 대답해주었다. 가장 중요한 문제는 스키타이 쿠르간과 사르마트 쿠르간 간의 차이점과 두 민족의 관련성 문제다. 그는 두툼한 관련 책 두 권을 가져다 보여주기도 하고, 또 필자의 노트에 그림을 그리기도 하면서 자세히 설명해주었다. 두 쿠르간의 차이점은 ①규모 면에서 스키타이는 대형, 사르마트는 중소형이고, ②매장 방식에 있어서는 사르마트는 땅을 파고 시신을 묻지만, 스키타이는 지상에 묻으며, ③사르마트에는 공물(供物)이 없으나, 스키타이에는 있는 것 등이다. 두 민족의 상관성에 관한 답변도 명료했다. 사르마트는 문화인류학적으로 스키타이의 영향을 많이 받았으므로 스키타이라고 봐도 무방하다면서 결국 스키타이나 사르마트, 그리고 사카족까지도 하나의 인류공동체로 봐도 될 것이라는 점을 거듭 강조했다. 그의 권유에 의해 그날 오후 첼랴빈스크시 남방 88km 지점에 위치한 키치기노 쿠르간을 한걸음에 찾아갔다. 키치기노 마을 앞은 폭 30여 m의 우벨카(Uvelka)강이 흐르고, 그 건너편 언덕 정상에 쿠르간이 자리하고 있다. 알렉세이의 소개에 의하면, 이 쿠르간은 사르마트의 왕급 쿠르간으로 2006년부터 발굴을 시작해서 지금도 진행 중이며, 묘실에서 남자의 유골이 발굴되었다고 한다. 부근에는 이것 말고도 4개의 쿠르간이 더 있다고 한다. 현장에 가보니, 지하 깊이는 약 10m, 길이는 50~60m로 규모면에서 스키타이 쿠르간에 비하면 중형(中型)쯤 된다.

쿠르간 도굴 상태   출토된 돌덩어리

20 첼랴빈스크 시 남쪽 88km 지점에 위치한 키치기노 쿠르간군
모두 5기 쿠르간이 있는데, 2006년에 발굴을 시작해 남자 유골과 많은 황금유물을 발견, 왕의 쿠르간으로 추정

21

22

21 키치기노 쿠르간 마을 앞을 흐르는 우벨카(Uvelka)강

22 키치기노 도로 표지판

23 키치기노 쿠르간과 엘라이프타우(Elaivtau) 쿠르간(첼라
빈스크 남방 270km), 세라 바르나 쿠르간 등 3기 쿠르간에서
출토된 일괄 유물(기원전 4세기)
① 동물의장의 옷 장식물
② 사르마트 여인상
③ 단검(아키나케스 검)과 장검

쿠르간시 자료보(Tsareovo, '왕의 마을')를 관류하는 토볼강

쿠르간시

Kurgan City

01 | 02
| 03

04 | 05 | 06

01 사르마트의 여성 복식

02 쿠르간 발굴 현장

03 쿠르간 속의 유골

04.05.06 사르마트의 전사들

쿠르간시(市)

Kurgan City

고분을 뜻하는 쿠르간의 이름을 그대로 딴 쿠르간시는 서(西)시베리아 평원 남부에 위치한 러시아연방 쿠르간주(州)의 주도다. 이 도시의 출범은 쿠르간과 직접적인 관련이 있다. 시에서 서남 방향으로 7km 떨어진 '왕의 마을'이란 뜻의 자료보(Tsareovo) 답사를 동행 안내한 남우랄 국립역사박물관(이 시에 소재) 연구원 안드레이 페르신(Andrey Pershin)으로부터 이 지역의 연혁을 자세히 들을 수 있었다. 원래 이 지역에는 '왕의 쿠르간'을 비롯해 5개의 사르마트식 쿠르간이 있었다. 그리하여 1662년에 이곳이 시로 승격되면서 '쿠르간시'라고 명명하였다. 1957~1960년 사이에 발굴을 진행했는데, 도굴에 의해 흔적을 거의 찾아볼 수 없었다. 황금장식품 등 약간의 출토품은 모두 예르미타시 박물관에 보내졌다. 2000년에 '왕의 쿠르간'을 기리기 위해 자료보의 토볼(Tovol)강 중류 좌안에 기념비와 높이 약 15m의 2층짜리 목조 기념 정자를 세웠다. 기념 정자 1층에는 자료보의 소개글과 몇 점의 민속품이 전시되어 있고, 2층에는 '왕의 쿠르간' 전경과 발굴 현장 사진이 전시되어 있다. 벽에는 이 도시에 거주하는 8개 민족의 젊은이 상이 아주 선명하게 그려져 있다. 근세에 와서 쿠르간시는 시베리아 철도가 지나면서 번성하기 시작해 농·목축물의 집산지, 철도교통의 요지가 되었다. 쿠르간시에 머물면서 주목한 점은 이곳이 쿠르간이 집중되어 있는 카자흐스탄의 서북단 콕세타우(Kokchetau)주(일행이 답사한 곳)와는 불과 130km의 인접 지역이란 사실이다. 초원실크로드의 한 연결고리로 추정된다.

남우랄 국립박물관과 그 앞마당에 있는 '불멸의 햇불'.
박물관 2층 전시실에는 신석기시대 - 스키타이 시대 - 사르마트 시대 - 흉노의 서천 시대 - 몽골의 서정 시대까지의 역사 유물 전시

07.08 각종 철제 장식물

09 박물관의 연구원(필자의 왼쪽)과 보조 연구원(필자의 오른쪽)

10 철제 빗과 각종 단검

11 쿠르간주(州)의 쿠르간 분포도

12 테두리가 있는 대형 쿠르간(왕급 쿠르간)

13 사르마트 여성 복식(소묘)

14 사르마트 남성 복식

15 사르마트 여성 복식

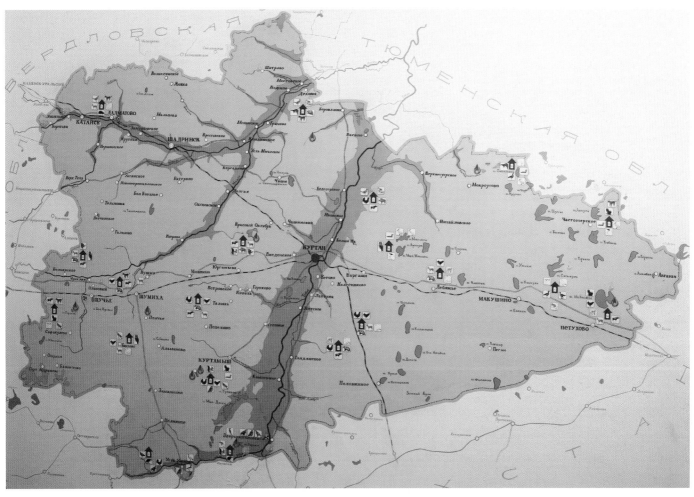

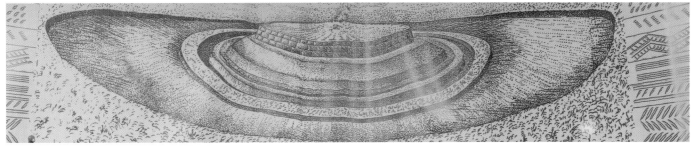

16	18
	19
17	20

16 기념 정자 곁을 흐르는 토볼강

17 자료보(왕의 마을) 마을의 쿠르간 기념 정자

18 토볼 강변에서 박물관 연구원과의 대화

19 기념 정자 2층에 전시된 쿠르간시의 역사 사진

20 쿠르간 기념 정자의 내력 소개글

Царёво Городище
от Курганской слободы до города

21 쿠르간시에서 24km 떨어진 체로모호스키 쿠르간(높이 3m, 길이 35m), 부근에 3개의
쿠르간이 보임

22 우스체우챠크 마을의 흉노 성채, 약간의 벽면 흔적만 남아 있음

러시아 본토에서 시베리아로 가는 관문도시인 토볼스크 전경

토볼스크

Tobolsk

01.02.03 쿠르간시에서 북쪽으로 45km 지점에 자리한 스카티 마을에 있는 3개의 사르마트 쿠르간

길을 사이에 두고 병립해 있음. 모두 도굴되었으나 아직 발굴은 하지 못함. 그래서 묘 주인이나 건조 연대는 미상임. 일행은 박물관 연구원이자 일행을 동행한 안드레이의 친절한 안내와 소개로 쉽게 현장 답사를 할 수 있었음.

마을 진입로 우측에 자리한 쿠르간의 높이는 5m, 길이는 50m, 좌측에 있는 첫 번째 쿠르간의 높이는 2.5m, 길이는 40m, 두 번째 쿠르간의 높이는 3m, 길이는 30m쯤 되어 보임

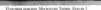

Пластина поясная. Могильник Хапры, Курган 3

Браслет спиральный с фигурами козлов на концах. Калиновский могильник, Курган 55, погребение 8

Бляха - украшение ремня. Сибирская коллекция Петра I

Браслет спиральный со сценой терзания на концах, с. Верхнее Погромное. Курган 2, Погребение 2

Пластина поясная - крылатый хищник с рогами, терзающий коня. Сибирская коллекция Петра I

Браслет спиральный со сценой терзания на концах. Сибирская коллекция Петра I

Браслет с головками барана на концах. Погребение у с. Соломатино

Браслет с фигурками козла на концах. Погребение

Браслет с головками барана на концах.

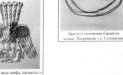

Украшение в виде грифа, терзающего козла. Сибирская коллекция Петра I

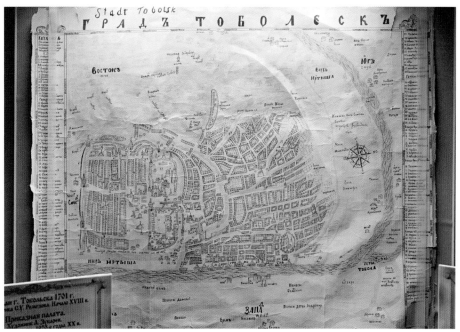

09 러시아 정교회

10 토볼스크를 경유하는 시베리아 횡단열차

11 토볼스크를 감싸고 흐르는 이르티시강

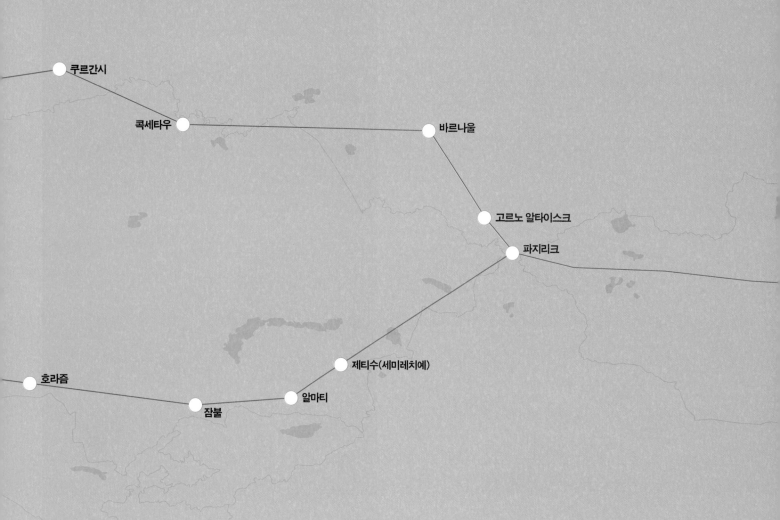

쿠르간시

콕세타우

바르나울

고르노 알타이스크

파지리크

제티수(세미레치예)

호라즘

잠불

알마티

노인 울라

할흐골

이끄는 글

중앙아시아 구간

1. 알타이 Altai

자고로 알타이는 동서양 모두에게 동경과 환상을 심어주는 대명사였다. 알타이는 산이나 산맥의 이름이기도 하고, 주변 지역을 두루 아우르는 범칭이기도 하다. 중국에서는 예로부터 이곳을 '금산(金山)'이라고 불러왔으며, 투르크족도 같은 의미의 '알툰이슈(金山)'로 지칭하였다. 금을 투르크어로 '알툰'(altun), 몽골어로는 '알탄'(altan)이라고 하며 '알타이'는 금이란 뜻에서 유래하였다. 중앙아시아의 내륙 고원지대에 우뚝 솟아 동서로 뻗은 알타이산맥은 화산 분출로 인해 생긴 습곡융기(褶曲隆起) 지대로서 크게 몽골 알타이와 고비 알타이, 고르노(러시아) 알타이의 세 부분으로 구성되어 있다. 총 길이는 약 2000km에 달하며, 해발 4374m의 후이튼봉(友好峰)을 비롯해 4000m 이상의 봉우리들이 여러 개 있다. 빙하만 해도 1500개나 흘러내리고, 겨울 혹한기의 최저기온은 영하 60도까지 내려간다. 산림은 적으며 만년설과 산악 초원으로 뒤덮여 있다. 이 산맥으로부터 흘러내리는 물줄기는 오비강에 유입되는 이르티시강과 자브한강에 흘러들어가는 호브드천(川)이 있다.

예로부터 알타이산맥은 많은 유목민들의 생활터전이었다. 여기는 카자흐인, 몽골인, 야쿠트인, 퉁구스인, 브리야트인, 에벤킨인, 에프탈족, 돌궐 등 넓은 의미의 알타이족 요람이다. 지금은 고르노 알타이 쪽에 인구 20여만 명이 사는 자치 성격의 알타이 공화국이 있어 알타이의 상징적 구실을 하고 있다. 5~6세기 중앙아시아 초원에서 활약한 에프탈족도 이 산맥으로부터 나왔으며, 6세기에서 8세기 전반 사이에 몽골에서 서투르키스탄에 이르는 광활한 지역을 지배한 돌궐도 금산이 그 근거지였다는 전설이 있다.

이 전설에 따르면 돌궐은 원래 흉노의 별종(別種)으로서 성(姓)은 아사나(阿史那)다. 본래 한 부족을 이루고 있었으나 인접국에게 패하여 전멸하였다. 열 살짜리 사내아이 하나가 가까스로 살아남아서 승냥이의 부양을 받으며 자라서는 승냥이와 교접(交接)하기에 이르렀다. 이 사실을 알아차린 인접국에서는 이 사내아이와 승냥이를 살해하려고 하였다. 승냥이는 도망쳐서 고창(高昌) 북부의 한 산중 동굴에서 살았다. 그 승냥이로부터 10명의 아들이 출생하여 자라서 성(姓)을 갖게 되었는데, 그중 한 성이 바로 아사나다. 자손이 늘어나자 동굴에서 나와 금산의 남부에 살면서 유연(柔然)의 철공(鐵工)이 되었다. 금산은 투구 모양인데, 아사나 자손들이 투구를 '돌궐'이라고 부르는 데서 그 이름이 유래되었다고 한다.

그 후 몽골의 칭기즈칸제국이 흥기하기 이전까지 이곳은 투르크계 나이만 왕국의 근거지였다. 칭기즈칸에 의해 나이만 왕국이 멸망하고 몽골의 통일이 달성되자, 몽골 서부에서 알타이산맥까지 일대를 통일의 일등 공신인 아르라트부(部)의 보르치가 위임 통치하게 되었다. 몽골제국 시대에는 차가타이 칸국의 수도 알말리

크(Almalik)로부터 톈산(天山) 북록의 비슈발리크와 바르쿠르를 경유, 알타이산맥을 넘어 몽골의 수도 카라코룸에 이르는 길이 이용되었다. 서정(西征)하는 칭기즈칸이나, 서정 중에 있는 그를 만나러 간 장춘진인(長春眞人, 1148~1227)도 이 길을 따라 몽골에서 알타이산맥을 넘어(1221년 7월) 중가리아에 이르렀다. 이것은 북방 초원로의 한 갈래라고 할 수 있다. 그밖에 서방에서 몽골에 온 사절 루브룩(William of Rubruck, 1215~1270)과 선교사 카르피니(Giovanni de Plano Carpini, ?~1252)도 알타이산맥을 넘나들었다. 그 길은 매우 험난하였다. 도인 구처기(邱處機)가 4년간(1220~1224)의 중앙아시아 여행을 마치고 나서 쓴 『장춘진인서유기(長春眞人西遊記)』에는 "서남행으로 3일간 가서 동남쪽의 큰 산과 큰 협곡을 지났다. 중추일(中秋日)에 금산(金山)의 동북방에 이르러 얼마간 체류한 뒤 남행하였는데, 산은 높고 계곡은 깊으며, 비탈길은 길어서 차가 도저히 전진할 수가 없었다"라고 기록되어 이러한 사실을 알려주고 있다. 결국 원(元)조가 건립되고 몽골의 수도가 대도(大都)로 천도함에 따라 이 길은 별로 이용되지 않았다. 이 기록은 중세 알타이 일대를 횡단하는 초원실크로드의 노정을 구체적으로 확인하는 데 매우 중요한 증거가 된다.

알타이는 역사의 수많은 비밀을 간직하고 있는 끝 모를 수장고(收藏庫)다. 19세기 초반부터 오늘에 이르기까지 근 200년 동안 연구가 면면히 이어져왔지만, 그 모든 비밀을 캐내기에는 아직 갈 길이 멀고도 멀다. 그렇지만 지금까지의 고고학적 연구 결과만 놓고 봐도 알타이는 비록 심산유곡의 험지(險地)이지만 한 번도 폐쇄되거나 격리된 적이 없는 열린 공간이었다. 그리하여 알타이는 문명 발달의 정상 궤도를 따라 전진을 이어왔을 뿐만 아니라, 동서남북의 각이한 문명요소들을 두루 수용하고 융합하며 응축시킴으로써

조화로운 다양성 문화를 창출한 문화의 접합지였다. 이것이 바로 알타이가 지닌 문화사적 특징이다.

알타이 문화란 알타이 일원에서 선사시대부터 기원 전후에 이르기까지의 시기에 알타이족이 창조한 유목기마민족 문화를 핵심으로 하는 고대문화를 통칭한다. 그런데 이 문화는 유목기마민족 문화라는 강한 유동성으로 말미암아 공간적으로 동서의 광활한 지역에 전파되어 하나의 문화적 권역(圈域), 즉 알타이 문화대(권)를 형성하였다. 그뿐만 아니라 시간적으로도 장기간 나름의 문화적 정체성을 유지해오고 있다. 일반적으로 문화대(권)는 공통적인 문화 요소의 공유(공유성), 넓은 지역으로의 확산(지역성), 장기적인 영향력 행사(생명력)의 3대 요건을 구비했을 때 비로소 형성되는 것이다. 이러한 요건에 대입시켜 볼 때 알타이 문화는 명실상부한 하나의 문화대로 인정될 수 있다고 판단된다.

이와 같은 사실은 알타이 역사와 문화의 각 발전 단계마다에서 구체적으로 나타나고 있다. 고르노(러시아) 알타이 지역의 울라린카(Ulalinka) 유적(45만~150만 년 전)에서는 100만 년 전의 돌 긁개가 발견되었다. 이것은 전기 구석기시대부터 이곳에 인류가 살고 있었음을 시사한다. 중기 구석기시대나 후기 구석기시대에 속하는 많은 유적과 동굴에서는 여러 가지 용도에 쓰인 찍개·돌날·몸돌·뚜르개·찌르개 같은 석기가 나왔고, 사람의 치아(중기)와 매머드의 뼈, 여신상과 동물 조각상(이상 후기) 등도 발견되어 당시의 사회상을 엿볼 수 있게 한다. 약 8000년 전부터 시작한 신석기시대의 흔적으로는 무덤을 비롯한 매장 유물이 다수 출토되는데, 그 가운데는 옷 장식, 목걸이, 낚시, 돌창 같은 진일보한 유물이 들어 있다. 기원전 4000년경부터 시작된 청동기시대는 초기와 발전기, 후기로 구분될 정도로 시대상이 급변해 풍부한 유물을 남겨놓았다. 그 가

운데서 가장 유명한 것은 바위그림이다. 그밖에 청동제 칼과 도끼·창·자귀·뼈송곳·절구 등 생활 용기와 이기(利器), 그리고 각종 토기가 다량 출토되고 있다.

알타이가 선사시대에 남긴 풍부한 문화유산은 중단 없이 이어져 기원전 700년경에 시작된 역사시대로 계승되었다. 이 시대부터는 광활한 북방 초원지대를 무대로 한 유목기마민족들의 종횡무진 활동으로 인해 알타이는 새로운 역사 면모를 갖춰갔다. 그 변화의 가장 주요한 특징은 스키타이(Scythai)나 사르마트(Sarmat) 같은 유목민족들의 활동에 의해 알타이를 중심으로 동서의 드넓은 지역에 유목기마문화를 핵심으로 한 알타이 황금문화대가 형성된 것이다.

알타이 황금문화대를 형성케 한 주역은 북방 초원지대의 최초 유목기마민족인 스키타이다. 스키타이는 페르시아 문화를 비롯한 고대 오리엔트 문화와 그리스 고전문화를 흡수하고 융합해 특유의 유목기마민족 문화를 창출하고 그것을 동·서방에 전파함으로써 고대 문명교류의 한 장을 빛나게 수놓았다. 좁은 의미에서의 스키타이 문화는 흑해와 캅카스를 중심으로 한 지역에서 활동한 스키타이에 의해 개화된 문화를 말한다. 이에 비해 넓은 의미에서의 스키타이 문화는 서쪽의 그리스 접경지대에서 동쪽의 알타이 지방까지 이르는 드넓은 지대에서 스키타이의 직접적인 통치하에 있었거나 그 영향하에 있었던 여러 유목기마민족이 창출한 복합문화를 통칭한다.

스키타이가 경영한 동·서방 무역의 흔적은 초기 철기시대를 상징하는 파지리크(Pazyryk) 고분군에서 집중적으로 나타나고 있다. 그래서 초기 철기시대를 파지리크 시대라고도 부른다. 알타이자치공화국의 파지리크강 계곡의 동토층에 자리한 이 거대한 고분군은 기원전 5~3세기 스키타이에 의한 동서문명의 교류와 접합을 생생하게 증언하고 있다. 출토된 유물 가운데는 이른바 스키토-시베리아에 속하는 여러 가지 유물과 더불어 중국제 견직물과 청동 거울 등 유물도 다수 포함되어 있다. 파지리크 일원에 파급된 스키타이 문화는 이곳에만 머물지 않고 멀리 한반도를 비롯한 동아시아 지역까지도 직간접적으로 그 여파를 던졌던 것이다.

이렇게 형성된 알타이 문화대는 여러 나라들과 인접했다는 지정학적 특성과 더불어 다양한 문화적 요소들을 내장하고 있다는 문화적 특성으로 인해 투르크 지배시대(5~10세기)와 몽골-중가리아 통치시대(11~17세기), 러시아 지배시대(18~19세기), 소비에트 연방 시대(20세기) 등 숱한 역사의 우여곡절을 겪어왔다. 그 과정에서 각양각색의 문화적 요소들이 가미되고 착종(錯綜)되었지만, 유목기마 문화라는 문화적 근간과 문화대 역내의 운명공동체적 유대만은 끈끈히 유지되어왔다.

끝으로 한 가지 부언할 것은 알타이 어족(語族, Altaic languages) 이다. 알타이 어족이란 투르크어·몽골어·통구스어가 서로 친연관계가 있다고 보고, 이 세 언어를 포괄적으로 부르는 언어학적 명칭 이다. 이 명칭은 이 언어를 사용하던 시조(始祖)의 원래 거주지가 알타이산맥 부근이라는 데서 유래한다. 그 분포는 동시베리아에서 유럽 동부까지의 광활한 지역이다. 한국어와 일본어도 이 어족에 포함시키는 언어학자가 있다. 알타이 어족은 크게 투르크어·몽골어·통구스어의 3대 어군(語群)으로 나뉜다.

2. 황금문화

지금까지 역사는 황금은 만물의 지보(至寶)이고, 황금문화는 문명의 지존(至尊)이라고 기록하고 있다. 동서양을 막론하고 인간은 무릇 최고 최상의 것에 '금(金)' 자를 붙이는 일에 주저하지 않아왔다. 역사에서 가장 번성한 시대를 '황금시대'(golden age), 메달 가운데 최상급을 '금메달'(gold medal)로 일컫는다. 금은 인간이 신석기 시대에 발견한 최초의 금속으로 그 희소성, 신비성, 상징성으로 인해 특수하게 이용되면서 나름의 황금문화를 일궈왔다. 황금문화란 자연소재로서의 황금의 가공과 그 가공제품의 특수용도 및 사회적 의미와 영향을 말한다. 사실 황금의 희소성 때문에 지구상에서 고차원의 황금문화를 창조하고 향유한 나라나 지역은 극히 제한적이다. 또한 이러한 희소성 때문에 황금은 '무소불위(無所不爲)'의 위력을 갖게 된 것이다. 황금을 찾아 대서양을 헤매던 콜럼버스는 1505년에 쓴 「자메이카로부터의 편지」에서 "황금은 놀라운 물건이다. 그것을 가진 자는 원하는 모든 것을 지배하게 될 것이다"라는 말을 남겼다.

황금이 만물의 지보이고, 황금문화가 문명의 지존인 까닭은 황금이 갖는 신비성이나 상징성 때문일 것이다. 그런데 생물이 아닌 황금에 그러한 신비성이나 상징성을 부여한 것은 알고 보면 다름 아닌 인간의 인위적인 소작(所作)이다. 인디오들의 전설에 의하면

우주의 최고신은 태양신인데, 오로지 황금만이 태양과 꼭 같은 빛과 색채를 갖고 있다. 그렇기에 황금은 태양의 화신으로 숭앙되고 존대되어야 한다는 것이다. 또한 현실적인 물질세계에서 황금은 불후의 속성을 지니고 있어 변질이나 변형 없이 영생하는 생명력을 보유한 금속이다. 이러한 속성과 더불어 희소하기 때문에 어떤 물질보다도 더 진중하게, 더 값지게 애용되어왔다.

바로 이러한 신비성과 상징성으로 인해 일찍부터 인간은 황금을 애지중지하면서 빛나는 황금문화로 승화시켰다. 지금까지 알려진 바에 의하면 인류 최초의 금공품(金工品, gold artefacts)은 기원전 4250~4000년 사이에 현 불가리아 동쪽 흑해 연안의 바르나(Varna) 호숫가에 자리한 3개의 고분군에서 출토된 여러 가지 금공품인데, 그 주역은 거의 다 스키타이와 동시대를 산 유목민인 황금문화의 시조 트라키아족이다. 그 상관성 여부는 밝혀진 바가 없지만, 그로부터 1000여 년 후인 기원전 3000년경에 이집트 파라오들이 처음으로 황금 용기를 만들어 사용한 데 이어 기원전 700년 소아시아(아나톨리아) 지역에서는 황금과 백은을 합금해 처음으로 금속화폐를 주조했다. 기원전 50년경에는 로마제국에서 아우레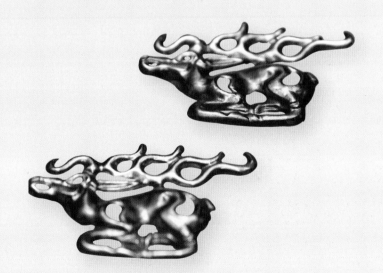우스(Aureus)란 금화를 주조하는 데 성공하였다. 그런가 하면 기원전 5세기부터 기원후 6세기까지 약 1000년 동안 유라시아 북방 초원지대에서는 스키타이와 사카족을 비롯한 유목기마민족들에 의해 황금문화대가 형성되어 황금문화가 찬란히 개화하였다. 중세에는 금융산업에 금본위제가 도입될 정도로 황금의 용도는 더욱 다양화되었다.

이러한 현장을 직접 탐사한 필자에게 다가온 북방 유라시아 초원은 황금문화의 발아지(發芽地)이자 개화지(開花地)이며, 초원로는 그 전파의 교량이자 통로라는 것을 새삼 느끼게 하였다. 이제 이 도록에서 그 하나하나가 밝혀지겠지만, 그토록 휘황찬란한 황금문화의 흔적은 북방 유라시아 초원의 지적에 깔려 있다. 황금문화는 비록 최고 통치자를 비롯한 소수 상층들의 전속향유물(專屬享有物)이었지만, 그 창조자는 다수의 노동자들이다. 이 눈부신 문화는 그들이 발휘한 지혜의 산물이기에 기려야 할 인류 공동의 문화유산으로 간주되는 것이다.

다행히 이 초원에서 발아하고 개화한 황금문화는 1000여 년 동안 하나의 끈끈한 문화대, 이른바 알타이 황금문화대를 이루어 인류문화의 발전에 큰 기여를 하였다. 알타이는 몽골어나 돌궐어의 '알탄'(altan)에서 유래된 '황금'이란 뜻이다. 그만큼 알타이 땅 속에는 황금(주로 사금砂金)을 비롯한 철·은·아연·주석 등 귀중한 광물자원이 많이 묻혀 있다. 러시아 금의 90%가 고르노 알타이에서 공급될 정도로 금이 풍부하다. 그리하여 역사의 여명기부터 이곳에서는 황금문화가 꽃피기 시작하였다. 기원전 5세기부터 기원후 6세기까지 약 1000년 동안 황금의 생산지 알타이를 중심으로 동서에 기다랗게 황금문화대가 형성되고 있었다. 카자흐스탄의 이식 고분에서 출토된 4000여 장의 황금 조각으로 지은 옷을 입고 있는 '황금 인간'(Golden Man, 기원전 5~4세기)은 그 대표적 유물이다.

알타이에서 발생한 황금문화는 스키타이가 개척한 동방무역로를 통해 서방으로는 그리스까지 전해졌으며, 알타이족을 비롯한 북방 유목기마민족들의 동진에 의해 한반도까지 그 영향이 미쳤다. 아이러니한 것은 이 황금문화대의 전성기를 그 동단 한반도에서 맞았다는 사실이다. 황금문화의 최고 결정체라고 할 수 있는 고대 금관 10기 중 7기(가야 1기, 신라 6기)가 한반도에서 만들어졌기 때문이다. 그래서 우리나라를 '금관의 나라'라고 하는 것이다.

한반도의 황금 다산상(多産像)에 관해 중세 아랍 문헌에는 놀라운 기록들이 남아 있다. 서방 최초로 한반도(신라) 지도를 그려낸 (1154년) 아랍의 세계적인 지리학자 알 이드리시(al-Idrisi)는 저서에서 신라에는 금이 너무나 흔해서 "심지어 그곳 주민들은 개의 쇠사슬이나 원숭이의 목테도 금으로 만든다"라고 기록했는가 하면, 다른 아랍 지리학자 알 마크디시(al-Maqdisi)는 신라 사람들은 "가옥을 비단과 금실로 수놓은 천으로 단장하며 식사 때는 금으로 만든 그릇을 사용한다"라며 금의 흔함과 금공술의 뛰어남을 극구 찬양하였다. 물론 과장된 표현일 수는 있지만, 아무튼 신라의 황금 다산상을 반영한 것만은 사실이라고 믿어야 할 것이다. 신라 고분에서 금관을 비롯한 여러 가지 눈부신 황금유물이 쏟아져 나왔으며, 『일본서기』 같은 사서(史書)들에 신라의 황금 다산상에 대해 부러움을 표했다는 기록이 엄연히 있기 때문이다. 그렇다면 이 풍족한 황금이 도대체 어디서 왔을까? 당시 신라 땅에는 얼마간의 사금이 생산되기는 하였지만, 그 숱한 수요를 충당하기에는 부족했을 것이다. 황금이나 황금가공술, 심지어 금공품까지도 발달된 알타이 지역에서 황금문화대를 타고 들어왔을 개연성이 상당히 높다고 추단된다.

그 교역의 담당자는 당시 알타이 이동의 동북아 일원을 누비던 유목기마민족 흉노인들이라는 것이 학계의 중론이다.

지난 6000년간의 황금문화사를 돌이켜보면 황금은 값지게 여러 가지 용도로 쓰여왔다. 그 용기나 용품들을 대충 열거해보면 다음과 같다. 즉 금제 관·인장·검·잔·편액(扁額) 같은 권력 용기, 금화·금괴 등 경제 용기, 금제 도검·병기·갑주 장식 같은 군사 용기, 금제 상·십자가·성골함·탑·등·병 등 종교의기, 금질 상장·메달·컵 등 기념용품, 금제 잔·접시·식기·수저·침·자물쇠·함·향로 등 생활 용기… 우리는 이러한 다양한 금제 용기들과 용품들을 스키타이나 사르마트인들이 창조한 쿠르간 출토 유물에서 쉬이 찾아볼 수 있다.

3. 석각(石刻)문화: 암각화와 석인상

선사시대 알타이와 몽골, 그리고 한국을 포함한 동북아시아 일대에서 유명한 석각문화로는 암각화(岩刻畵, 바위그림)와 석인상(石人像)이 있다. 암각화는 돌에 글씨를 쓰거나 그림을 그리는 일이며, 석인상은 돌을 사람 모양으로 다듬는 일이다. 이 두 가지 석각은 주로 선사시대에 유행한 일종의 원시적 예술행위로서 당시의 사회상을 생동하게 반영하고 있다는 점에서 선사시대 연구의 귀중한 자료로 간주되고 있다. 그래서 '무문자(無文字)시대의 역사적 증언'이라고 하는 것이다. 사실 암각화는 역사의 유형적 증언치고는 가장 오래

된 증언이다. 그만큼 값어치가 있는 역사 유물이다. 그것이 알타이에 가장 많으니 알타이야말로 바위그림의 보고요, 인류문명의 충실한 전령사(傳令使)다.

일반적으로 암각화라고 하면 바위를 쪼아 새긴 암각화(岩刻畵)와 채색으로 그림을 그린 암채화(岩彩畵) 두 가지가 있다. 몽골의 경우 서쪽 알타이 지역에는 암각화가, 중부와 북부 지역에는 암채화가 많이 분포되어 있다. 구석기시대부터 청동기시대에 이르기까지 길고 긴 풍상 속에서도 닳지 않고 살아 숨 쉬는 암각화는 볼수록 신기롭다. 사슴과 양, 말과 소 같은 가축과 인간의 모습이나 활동상이 비록 원시적이고 소박한 조형이지만, 그토록 오롯이 남아서 아득한 그 옛날 사회의 단면들을 생생하게 실토해주고 있다. 몽골 알타이 지역 전체에 약 50만 점의 암각화가 남아 있다고 하니 명실상부한 '암각화의 보고'다.

몽골의 암각화에 관한 조사 연구는 비교적 오랜 역사를 가지고 있다. 1876년 고비 알타이 지역에서 진행된 러시아 탐험가 포타닌

(G. N. Potanin)의 암각화 조사를 효시로 주로 러시아 고고학자들에 의해 19세기 후반과 20세기 전반에 걸쳐 중요한 몇 건의 조사가 있었다. 그러다가 1950년대 이후에는 지리학자 남난도르지(D. Namnandorj), 고고학자 도르지수렝(Ts. Dorjsuren)과 체벤도르지(D. Tsevendorj) 등 몽골학자들에 의한 본격적인 조사가 진행되면서 괄목할 만한 성과를 달성하였다. 호이트 쳉헤르(Hoit Tsenher) 동굴을 비롯한 여러 곳에서 구석기시대부터 청동기시대에 이르는 각이한 시대에 조성된 많은 암각화와 암채화가 알려져 북방 유목기마민족의 선사시대 연구에 결정적인 전진을 가져오게 하였다. 그뿐만 아니라 한반도를 비롯한 동북아에 널려 있는 암각화 연구에도 유용한 실마리를 제공하였다.

몽골 과학아카데미 고고학연구소장 체벤도르지는 지난 100여 년 동안의 몽골 바위그림의 연구 흐름을 세 시기로 구분해 개괄하고 있다. 19세기 말부터 1940년대까지의 첫 시기는 포타닌을 비롯한 외국 탐험가들이 탐사하면서 발견한 암각화의 소재를 보고하고

출판하는 등 암각화 연구의 초창기다. 그 후 1948년부터 1990년까지의 두 번째 시기는 몽골 학자들이 소련을 비롯한 사회주의 나라 학자들과 공동으로 혹은 독자적으로 탐사하고 연구하는 활동기다. 이 시기의 주요한 연구 성과는 암각화의 역사시대(1~14세기)를 석기시대와 청동기 및 초기 철기시대, 흉노 시대, 돌궐 시대, 키르기스 시대, 몽골 시대의 여섯 개로 시대 구분한 것이다. 마지막 시기는 1990년부터 지금까지인데, 몽골의 체제 변혁을 계기로 한국을 포함해 교류가 없었던 나라들과의 공동연구를 통해 연구의 지평을 넓힘으로써 적잖은 성과를 거두고 있다. 이 시기의 주요 연구 업적은 암각화를 제작방법에 따라 붉은 안료로 그린 그림과 먹으로 그린 그림, 바위 면을 갈아서 새긴 그림, 날카로운 도구를 사용해 점이나 선으로 새긴 그림 등 네 가지로, 그리고 묘사 대상에 따라 일상생활을 대상으로 한 그림과 동물을 대상으로 한 그림, 물건이나 주거를 대상으로 한 그림, 묘사 대상이 불분명한 그림 등으로 구분하여 심층적인 연구가 진행되고 있는 것이다.

암각화는 청동기시대에 그려진 것이 가장 많은데, 그 제작 방식은 주로 선 쪼아파기와 전면 쪼아내기이다. 이 두 가지 기법에 의해 여러 가지 내용과 형식의 암각화가 그려진다. 미술적 형상성을 보면 대체로 이 시대의 초기에는 표현주의적 역동성이 잘 나타나지만, 한국의 반구대 암각화에서도 발견되다시피 후기에 접어들면 단순한 선 등을 이용한 상징주의적 화풍으로 변모한다. 암각화 제작은 신·구석기시대에 시작해 청동기시대에 붐을 이루지만, 철기

시대 초엽까지 지속된 경우도 있다. 이것은 암각화야말로 그 생존 연대가 상당히 오래 지속되었음을 말해준다. 알타이와 몽골의 현존 암각화는 기원전 8세기부터 기원전 1세기 기간에 그려진 것이 가장 많다.

알타이와 몽골 초원에서 발견되는 암각화는 대부분이 강가의 벼랑이나 눈에 잘 띄는 돌산, 큰 바위 위에 자리하고 있다. 대표적인 암각화들은 추야(Chuya)강과 엘랑가시(Elangash)강, 바르부가지(Barbugazy)강 등의 강가에서 집중적으로 발견된다. 그 가운데서 추야강가의 칼박-타시(Kalbak-Tash) 암각화는 내용이나 규모에서 단연 압권이다. 동북아시아에서 암각화가 가장 많이 발견되는 지역은 몽골과 그 인접 지역인 중국의 신장과 내몽골이며, 그다음은 한반도다. 울산 반구대와 남해 상주리, 경주와 포항 일대에서 발견되는 암각화는 내용과 양식에서 알타이와 몽골의 그것과 매우 유사하다. 이것은 두 지역 간에 진행된 교류의 결과로밖에 달리 설명할 도리가 없다.

한편 알타이와 몽골, 카자흐스탄을 비롯한 북방 유라시아 초원지대에는 석각문화의 하나로 암각화와 더불어 석인상이 널리 분포되어 있다. 특히 중앙 유라시아의 투르크계 민족들 사이에는 여러 가지 형태의 석인을 조각해 세우는 풍습이 오래전부터 전승되어왔다. 스키타이는 북캅카스에서 흑해 북안과 서안에 이르는 넓은 지역에 쿠르간을 만들고 그 꼭대기에 석인을 세워 그곳에 왕이나 족장이 묻혀 있음을 알렸다. 그런가 하면 사르마트인들은 카스피해

북동 지역에서 적석총(積石塚) 같은 석제 제사유구(祭祀遺構)의 동쪽이나 남쪽에 복수의 석인을 세웠다. 투르크인들의 석인은 몽골고원에서 톈산(天山) 북쪽과 카자흐스탄에 이르는 넓은 지역에 분포되어 있다.

석인상이란 초원지대의 유목민들이 소정의 목적을 위해 인간 모양을 본떠 만든 석각상을 말한다. 그 '소정의 목적'에 관해서는 지금껏 이론이 분분해 정설은 없는 성싶다. 비견으로 이야기할 수 있는 것은 그 목적은 고정불변한 하나가 아니라, 지역과 문화에 따라 다르거나 복수일 수도 있다는 점이다. 종합하면 ①피장자(被葬者)의 장지(葬地) 표시, ②석인은 사자 자신의 상징이며, 그 동쪽에 일렬로 세워놓은 돌들은 사자가 생전에 죽인 자의 상징으로서 그 역시 공적을 과시하기 위한 것이다. 석인상의 크기는 지역에 따라 천차만별인데, 키는 보통 40~50cm에서 2m를 능가하는 상도 있으며, 얼굴만 있는 상은 키가 작고, 몽골 석인상은 비교적 큰 편에 속한다.

석인상은 중기 스키타이 시대와 초기 사르마트 시대에 흥행하다가 흉노 시대와 중기 이후의 사르마트 시대, 민족대이동 시대에는 일시 자취를 감췄다. 그러다가 투르크 시대에 와서 도처에서 대대적으로 부활하면서 그 형태도 다양화되었다. 주로 카자흐스탄의 석인상을 연구해온 셰르(Sher)는 석인상의 형태를 ①오른손에는 용기를 들고 허리에는 무기를 패용한 남성 석인, ②오른손에는 용기를 들었지만 무기는 휴대하지 않은 남성이나 성별 불명의 석인, ③얼굴만을 표현한 석인, ④손에 새를 들고 있는 석인, ⑤두 손으로 복부 앞에 용기를 들고 있는 남성 석인, ⑥두 손으로 복부 앞에 용기를 들고 있는 여성 석인 등 여섯 가지로 분류하고 있다. 그런가 하면 알타이 지방에서 석인상 조사를 진행한 쿠바레브(Kubarev)는 ①오른손에는 용기를 들고 허리띠를 하고 있으며 무기를 휴대하고 있는 석인, ②오른손에는 용기를 들고 있으나 무기는 휴대하지 않은 석인, ③두 손으로 복부나 흉부 앞에 용기를 들고 있는 석인, ④얼굴뿐인 석인 등 네 가지 부류로 나누고 있다. 몽골 지방의 석인상은 좌상(座像)이고, 두 손을 흉부 앞에 모으고 있으며, 복수(많게는 10여 상)인 것이 특색이다.

석인상의 분포 상황을 보면 동은 몽골고원으로부터 서는 중앙아시아의 시르다리야 유역까지 분포되어 있는데, 동서는 긴 지역을, 남북은 좁은 지역을 차지하고 있다. 투반강 이북의 미누신스크나 몽골고원 남부의 내몽골 지방에는 적으며, 중국 신장의 경우는 톈산산맥을 포함해 그 이북 지역에서만 발견된다. 지금까지 발견된 석인상(잃어버린 것을 포함)의 수를 지역별로 보면 카자흐스탄이 526기, 몽골이 약 330기, 고르노(러시아) 알타이가 256기, 신장이 182기, 키르기스스탄이 약 100기, 투반이 약 100기, 우즈베키스탄이 약 20기, 내몽골이 11기, 하카시야가 5기, 투르크메니스탄이 2기, 타지키스탄이 1기, 총 1500여 기에 달한다.

4. 흉노의 서천(西遷)

한(漢)의 정벌정책에 밀려 분열과 쇠락을 거듭해오던 흉노는 살아남기 위해 기원전 56년부터 기원후 91년 사이에 정처 없는 서천을 세 번이나 단행하였다. 그 묘연한 행방에 관해서 151년 중국 사서(史書)가 마지막 기록을 남겨놓고는 역사무대에서 사라졌다. 흉노의 서천은 북방 유라시아 초원실크로드를 통한 사상 초유의 범민족적 이동이다. 문명교류사적 시각에서 보면 민족적 이동에 의한 문명교류는 그 폭과 깊이에서 단연 압권이다.

일시 역사무대에서 사라진 지 200여 년이 지난 어느 날 갑작스레 카스피해 북부에 낯선 정복자가 나타났다. 그에 관한 서구의 문헌기록은 다음과 같다. 즉 4세기 후반에 훈족(Huns)이란 일족이 카스피해 북부에 나타나 서쪽으로 볼가강과 돈강 유역에 있는 알란(Alan)국을 공략하고, 374년에는 돈강을 넘어 동고트를 정복한 데이어 드네스트르강을 건너 서고트를 압박하였다. 그리하여 서고트인들은 다뉴브강 이남의 로마제국 경내로 밀려들어가게 되었다. 훈족은 발라니아를 중심으로 한 동유럽 일대를 장악하고 아틸라(Attila, 재위 434~453)의 주도하에 훈제국을 창건하였다.

한때 훈족은 동로마제국(비잔틴)을 공격해 공납(貢納)을 강요하였으며, 민족대이동을 촉발해 서로마제국을 무너뜨렸다. 그러나 아틸라가 사망하자 내홍(內訌)이 일어나 국력이 급속히 약화되었고 아틸라 사후 1년 만인 454년에 게르만족에 멸망되고 말았다. 그러자 훈족의 본류는 카스피해 북부로 귀향하고, 일부는 발라니아에 잔류하였다가 후일 마자르(Magyar)인들과 연합해 헝가리 민족을 구성하였다.

훈족이 유럽에 출현해 활동한 기간은 전후 80여 년에 불과했지만, 그들의 활동은 유럽 민족의 대이동을 비롯해 유럽 역사에 중차대한 영향을 미쳤다. 유럽무대에 갑자기 나타나 일세를 풍미한 훈족의 정체에 관해 일찍부터 여러 가지 논의가 있어왔다. 다양한 연구가 심화되면서 훈족의 출현과 북흉노의 서천 사이에는 일정한 관계가 있다는 것과 서천한 북흉노가 훈족의 주요 원류라는 점에는 대체적으로 합의를 보게 되었다.

기원전 1세기에 서흉노의 패망으로 인해 새로운 보금자리를 찾아 서천하지 않을 수 없었던 흉노는 서투르키스탄 일대에서 민족적 및 문화적 동질성을 회복·유지해오다가 소그디아나 동부와 캅카스 북부, 드네프르 강변, 아랄해 동부 초원지대에서 새로운 공동체를 형성하였다. 그들은 주변 투르크 종족들을 병합하고, 1세기 말에서 2세기 후반 사이에 동쪽에서 이동해온 북흉노 일족을 흡수함으로써 그 세력이 한층 강화되었다. 그들은 그곳에서 약 2세기 동안 주변 국가들과 큰 마찰 없이 비교적 안정된 생활을 영위하고 있었다. 그러다가 기후 변동과 생태계의 고갈 등 자연환경 변화 때문이거나, 아니면 350년경에 동쪽으로부터 이동해온 또 다른 종족인 우아르 훈(Uar-Hun)의 압력을 받아 더 서진해 마침내 카스피해

214

북부 지방에까지 이르러 정착하게 되었던 것이다. 역대 흉노의 이러한 서천 과정을 감안해 유럽 훈이 아시아 흉노에서 연유하였으며, 훈제국을 세운 아틸라는 북흉노 선우의 후예라는 일설이 신빙성을 갖게 되었다.

기원전 1세기 서흉노의 서천으로부터 기원후 4세기 유럽에서 훈족이 출현할 때까지 약 400년간 흉노 집단은 초원로를 중심으로 한 유라시아 북부지대를 가로질러 서진하면서 수많은 민족들과 혈연관계를 맺고 문화적 융합을 이루었다. 이러한 흉노의 서천은 거족적인 민족이동에 의한 동서문명의 교류라는 점에서 큰 의미를 갖는다. 유목민인 흉노는 서천의 대장정에서 호한문화를 서전(西傳)시켰을 뿐만 아니라 티베트 문화, 인도 문화, 페르시아 문화, 그리스 문화 등을 광범위하게 수용함으로써 다양한 문화요소들을 유럽에 전해주어 유럽 문화를 한층 풍부하게 하였다.

유럽에서의 훈의 활동 역사는 크게 전기와 후기로 나뉜다. 전기(제1단계)는 훈의 정복활동 시기(374~422)이고, 후기(제2단계)는 훈제국의 건립과 멸망 시기(422~468)이다. 전성기 훈제국의 영토는 남으로는 발칸반도와 캅카스, 북은 발트 해안, 동으로는 우랄산맥,

서로는 알프스에 이르는 광활한 지역을 포괄하였다. 치하의 종족 수만 45여 족에 이르렀다. 아틸라를 정점으로 한 제국은 비록 중앙집권적 체제의 모양새는 갖추고 복속민들도 정치적 통합체를 이루고 있었지만, 고유의 언어와 풍습은 그대로 유지한 채 여전히 동족의 부족장이나 총독, 왕의 지배를 받고 있었다.

이렇게 일방적인 강세를 보이던 아틸라의 훈제국은 대내외적으로 새로운 도전에 부딪히게 된다. 내부적으로 복속 민족들의 끊임없는 반란과 내분이 일어나고, 대외적으로 친선관계에 있던 서로마가 이탈한 데서 비롯된 것이다. 설상가상으로 아틸라는 서로마에 대한 원정을 치르고 돌아온 후 급작스러운 출혈로 453년(60세)에 급서하였다. 아틸라 사후 훈제국은 내홍과 복속민들의 이탈로 인해 국력이 급속히 약화되는 가운데 결국 동로마제국에 멸망되고야 만다. 이로써 근 100년간이나 유럽 대지를 종횡무진 유린하고 위협하며, 동아시아 호한 문화유산을 유럽에 전파하면서 고대 유라시아 교류에 확연한 족적을 남긴 훈제국은 유럽 역사무대에서 사라지게 된다.

흉노는 약 400년간 몽골을 중심으로 한 동아시아의 북방지대에

서 활동하면서 시종 중국의 진(秦)·한(漢)제국과 화전(和戰)관계를 유지해왔다. 이러한 과정에서 중국의 농경문화를 수용하기도 하고, 자신의 유목기마문화를 전파해 특유의 '호한문화'를 창출하기도 하였다. 한편 중앙아시아와 남러시아 초원지대를 지나 유럽으로 서천(西遷)하면서 이러한 호한문화를 활동 지역에 전파하기도 하고, 그리스·로마 고전문화를 비롯해 페르시아 문화, 스키타이 문화, 헬레니즘 문화 등 서역-서구문화를 흡수해 기원을 전후한 약 700~800년 동안 유라시아 대륙 북방의 동서교류를 주도하였다.

흉노에 의한 동서교류는 우선 스키타이 유목문화를 동전(東傳)시킨 데서 나타난다. 그 대표적인 것이 오르도스(Ordos, 쑤이위안綏遠) 청동기문화다. 오르도스와 그 이북의 쑤이위안 분지(盆地)를 중심으로 한 일대에는 기원전 5~2세기경 독특한 청동기문화, 이른바 오르도스 청동기문화가 출현하였다. 이 문화는 스키타이를 비롯한 북방 유목민족들의 청동기문화를 수용한 후 한층 더 발전시킨 문화로서 동북아시아 청동기문화의 출현과 발전에 촉매제 역할을 하였다. 주요한 유물로는 스키타이식 W형 족(鏃, 활촉), 아키나케스식 양인단검(兩刃短劍), 칼, 도끼, 찰갑(札甲, 작은 조각을 붙인 투구), 고삐,

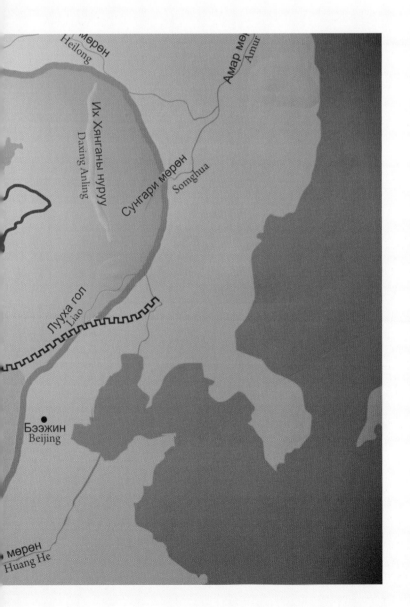

마면(馬面), 탁령(鐸鈴, 방울), 각종 마차용구, 대구(帶鉤, 혁띠의 자물단추), 원경(圓鏡, 둥근 거울), 스키타이식 구리솥(구연부에 두 개의 귀가 달린 큰 심발형深鉢形 솥) 등이 있다. 이러한 유물의 특징은 스키타이계 동물 문양을 수용한 점인데, 각종 장식물에 예외없이 동물 문양이 새겨져 있다. 이러한 흉노의 스키타이계 청동기문화는 전국시대부터 위진남북조시대에 이르기까지 중국 화베이(華北) 지역에 파급됨은 물론, 동쪽으로는 중국 둥베이 지방이나 고구려를 비롯한 한반도와 멀리 일본에까지 영향을 미쳤다.

흉노에 의한 동서교류는 또한 독특한 호한문화의 창출에서도 엿볼 수 있다. 흉노 문화는 스키타이계 오르도스 문화와 주변문화, 특히 한(漢)문화와 융합된 이른바 '호한문화'다. 이것은 오르도스 청동기문화와 맥을 같이 하는 연속선상의 계승 문화, 발전 문화이지만 한문화적 요소가 뚜렷한 것이 특징이다. 그것은 대표적 유적인 노인 울라(Noin-Ula, 몽골어로 '왕후王侯의 산'이란 뜻) 고분군에서 출토된 유물에 의해 증명된다. 기원전 1세기부터 기원후 1세기 사이의 것으로 추정되는 이 고분군은 몽골 수도 울란바토르 북방 약 100km의 산중에 위치하고 있는데, 1924년 소련 지리학회에서 파견되어 울란바토르에 체재 중이던 소련·몽골·티베트 탐험대에 의해 속속 발굴되었다. 총 212기의 고분은 모두 수쯔주크테(Sutszukte)를 비롯한 세 골짜기 경사면에 자리하고 있는데, 외관상으로는 남러시아나 남시베리아, 알타이 지방 특유의 스키타이계 쿠르간 형식에 한대의 목실분(木室墳) 형태를 융합시킨 일종의 혼합형 고분들이다. 이것은 흉노와 한 간의 극명한 교류의 증좌이다.

흉노는 침탈과 관시(關市, 교역), 수공(受貢)의 세 가지 방법으로 한의 문화를 수용하였다. 침탈은 한과의 전쟁에서 주로 이기는 경우에 무기와 식량을 비롯한 많은 물자를 획득하는 것이다. 관시는 흉노의 가축·모피·모직물 등을 한의 비단·마포·동경·철기·식품 등과 상호교환하는 것이다. 수공은 흉노가 각종 협약에 따라 한의 조정으로부터 비단·주류·곡물·황금·마차·병기·악기 등 여러 가지 필수품이나 귀중품을 공납받는 것이다.

흉노의 예술은 그 모티프나 기법에서 스키타이계 문화와 중국문화의 영향을 직간접적으로 받으면서 그것을 조화·융합시켜 독자적인 호한문화를 창조해, 다시 그것을 동서에 전파시켰다. 이러한 유물로는 옥구검(玉具劍, 옥으로 장식된 검)과 한식궁(漢式弓, 뼈나 뿔로 만든 활고자를 부착한 한나라 활), 한경(漢鏡, 한나라 거울), 한견(漢絹, 한나라 비단), 흉노식 구리솥 등이 남아 있다.

아이달라(Aidarla) 쿠르간

콕세타우

Kokchetau

01 | 03
02 | 04

01 콕세타우행 도로 표지판

02 콕세타우 박물관 외관

03 콕세타우 지도

04 인근 쿠르간에서 출토된 유골

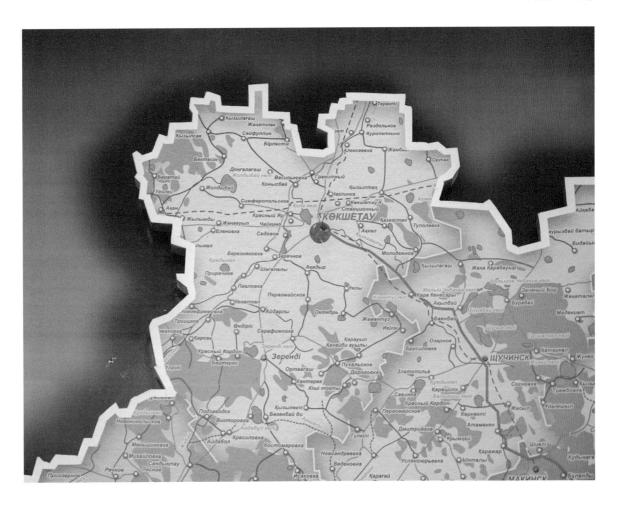

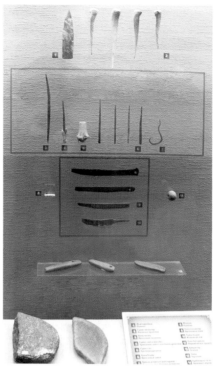

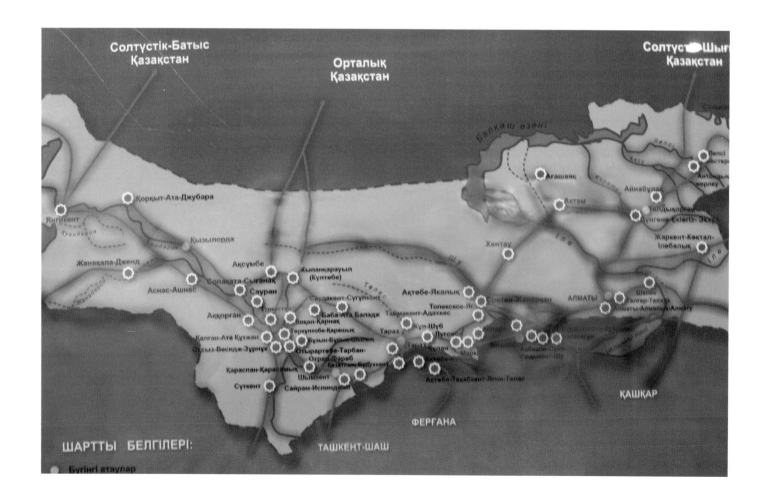

05 06 07 · 09 10 · 08 · 11

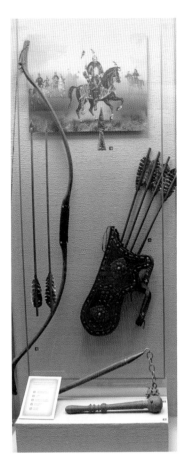

12　인근 쿠르간들에서 출토된 일괄 유물
①황금 목걸이
②황금 거울, 구슬 목걸이, 장식물 등
③황금 귀걸이와 팔찌, 장식물
④즐문토기 항아리

13.14　석인상

15　여인 복식

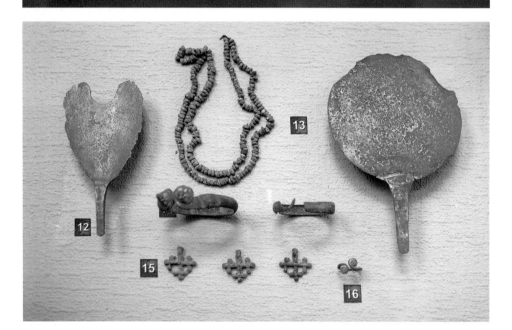

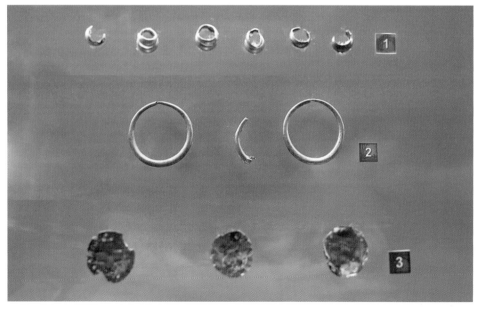

16   아이달라 적석 쿠르간

17   돌로 덮은 도굴 자리

18   콕세타우에서 서남쪽 40km 지점에 자리한
아이달라강 유역 쿠르간, 대형 쿠르간 1기와 소
형 쿠르간 40여 기

19   쿠르간의 위치를 확인하기 위한 협의 장면

20   탐사 일행(왼쪽부터 콕세타우 박물관 연구원,
필자, 카자흐스탄 국립박물관 연구원 이칸, 영어 통역,
경북대학교 박천수 교수, 콕세타우 박물관장)

21.22 외주(外周)를 두른 케넷켈(kenetkel) 쿠르간 모습

23 여러 가지 형태의 외주 쿠르간 20여 기 중 하나

24   사각형 외주 쿠르간

25.26   여러 가지 형태의 외주 쿠르간

27 미발굴의 카라오제크(karaozek) 마을 쿠르간, 소련시대에 쿠르간 정상에 세운 측량대가 그대로 남아 있음

28 쿠르간의 위치 확인 장면

29 외주 쿠르간군(群)

30 선사시대부터 지금까지 남아 있는 스키타
이 후예들의 마을

31 소형 쿠르간은 돌궐의 쿠르간으로 추정

32 보로보에행 도로 표시판. 경주 계림로 단검과 동류의 단검이 발견된 카자흐스탄 보로보에로 찾아가는 길

33 향토사학자의 말에 의하면 1928년 철도공사 중 이 넓적한 돌 밑에서 보검을 발견, 돌 무게는 1톤(길이 4.5m, 너비 1.5m, 두께 0.7m)

34 경주 계림로 출토 황금 장식 보검(계림로 단검), 계림로 단검과 동류의 단검이 이 보로보에 산림속 돌 밑에서 발견(현재 에르미타시 박물관 소장)

35 현지 향토사학자와 위치 확인 협의

36 탐사 일행

37 초원이던 보검 발견지가 지금은 울창한 나무숲으로 변함

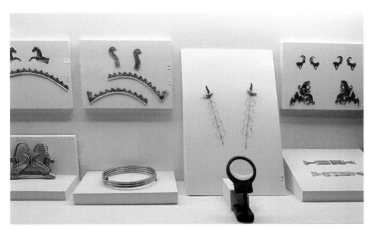

38 아스타나 입성

39 아스타나 박물관 외경

40 황금팔찌 등 세공품

41 황금·철제 동물의장

42 황금 의상 장식물

43 사슴의장

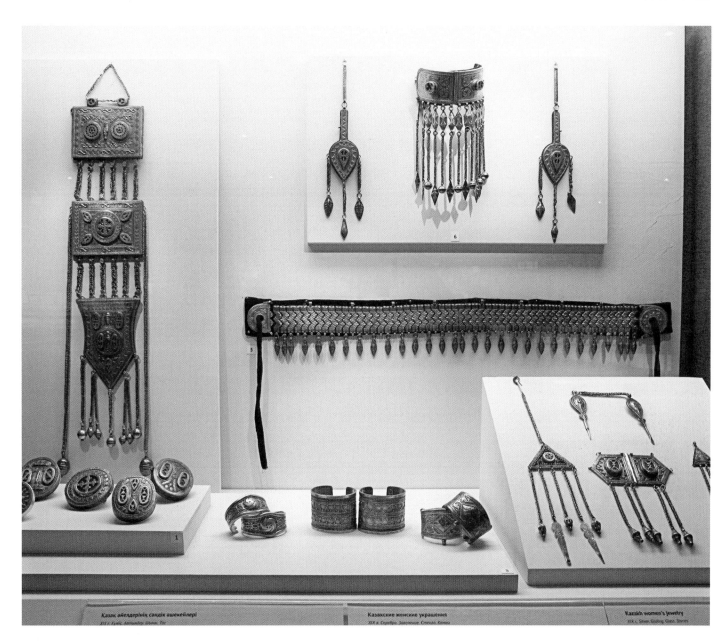

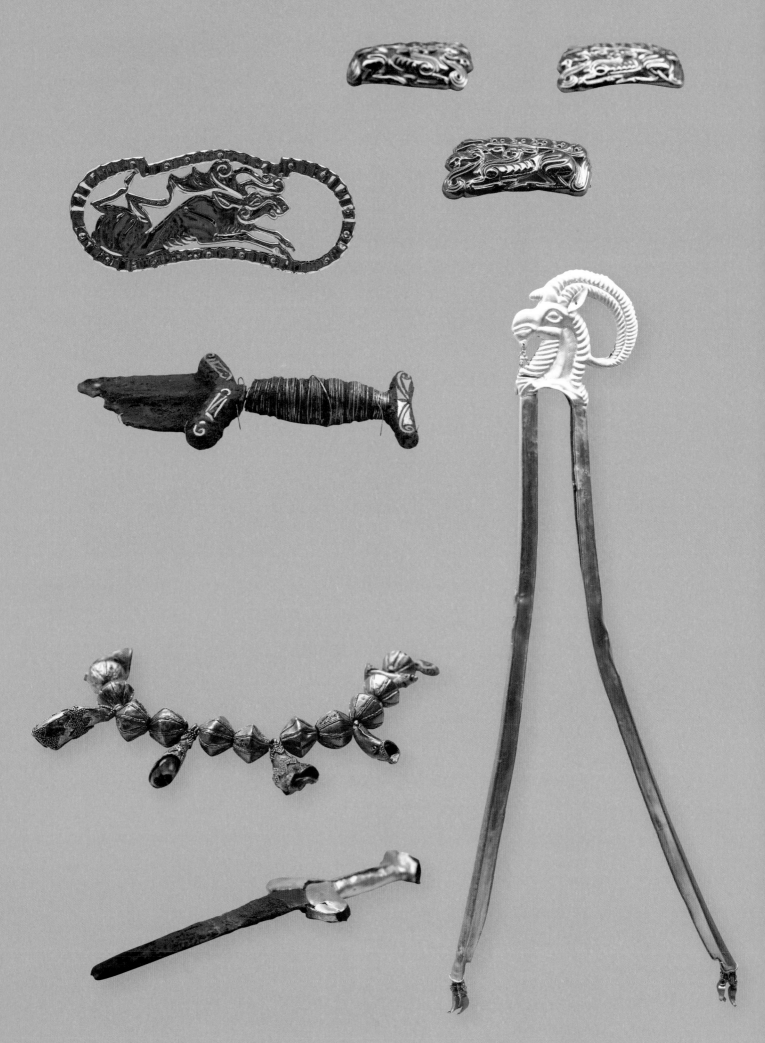

47 각종 장식품
① 띠꾸미개(대금구, 帶金具)
② 검두(劍頭)
③ 산양 머리핀
④ 황금방울 장식
⑤ 단검

48 사슴 장식

내성의 서변 성벽

호라즘

Khorazm

호라즘

Khorazm

호라즘은 중앙아시아의 아랄해로 흘러들어가는 아무다리야의 하류 지역으로, 면적이 4550km²에 달하는 비옥한 충적지대를 일컫는 말이다. 이 이름은 기원전 6세기 아케메네스조 페르시아가 이곳을 다스리면서 페르시아어 '흐와라즘(Khwārazm)'에서 유래된 것인데, 그 어원은 동방을 뜻하는 '태양(khar)의 땅(rajam)'이라고 한다. 비록 한 고장의 지명이지만, 멀리 그리스에까지 널리 알려진 이 지방 이름 9가지(중국어 花剌子模) 가운데서 각각 3곳에서 '호레즘'과 '호라즘'으로 불렀다. 이것은 이 지방의 높은 지명도를 시사한다. 그것은 이곳이 북방 유목문화와 중앙아시아 농경문화를 대표하는 초원로와 오아시스로가 만나는 접지(接地)이며 교통의 요지이기 때문이었다.

기원전 5000년경의 신석기시대 문화유적과 기원전 2000년경부터 시작된 청동기시대 문화유적이 다수 발굴되고 있다. 일찍부터 페르시아 문화의 중요한 거점 중 하나였으나, 8세기 초 아랍의 침입을 계기로 이슬람화되었다. 이 시기에 '대수학(代數學)의 아버지'로 불리는 수학자 알-하와리즈미(al-khawārizmī)와 백과전서적 박물학자인 알-비루니(al-Birūnī) 등 기라성 같은 대학자들이 배출되었다. 11세기부터는 투르크화가 진척되어 호라즘 샤 왕조가 나타났으며, 13~15세기에는 몽골과 티무르의 지배를 받았다. 1334년 이곳을 여행한 아랍의 대여행가 이븐 바투타는 여행기에서 "시장은 번화하고 거리는 널찍하며 건물이 즐비하고 재화가 풍족하다" "나는 세상에서 하와리즘(호라즘)사람들처럼 성품이 착하고 마음씨가 무던하며 타향인을 극진히 사랑하는 사람들을 일찍이 본 적이 없다"라고 극찬을 아끼지 않았다. 1512년에 히바 칸국이 세워져 300여 년간 독립을 유지해오다가 1873년 러시아의 침공으로 그 보호하에 들어갔으며 1924년 우즈베키스탄과 투르크메니스탄 두 나라로 갈라졌다.

히바(Khiva)는 히바 칸국이 세워진 이래 줄곧 호라즘의 중심도시로서 시 전체가 박물관이란 평을 받을 정도로 성 내외에 많은 유적들이 분포되어 있다. 동쪽에 잠불(옛 탈라스)로 이어지는 초원실크로드를 사이에 두고 위가라크 고분군 등 쿠르간 지대와 마주하고 있다. 그리하여 히바는 시 전체가 유네스코 문화유산으로 등재되었다.

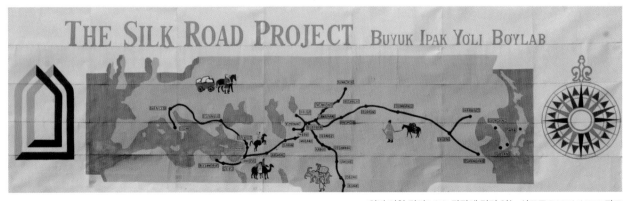

히바 이찬 칼라(내성) 광장에 걸려 있는 실크로드(오아시스로) 전도

01 이슬람 시대의 다채로운 미나라(예배 시간을 알리는 탑, 첨탑)

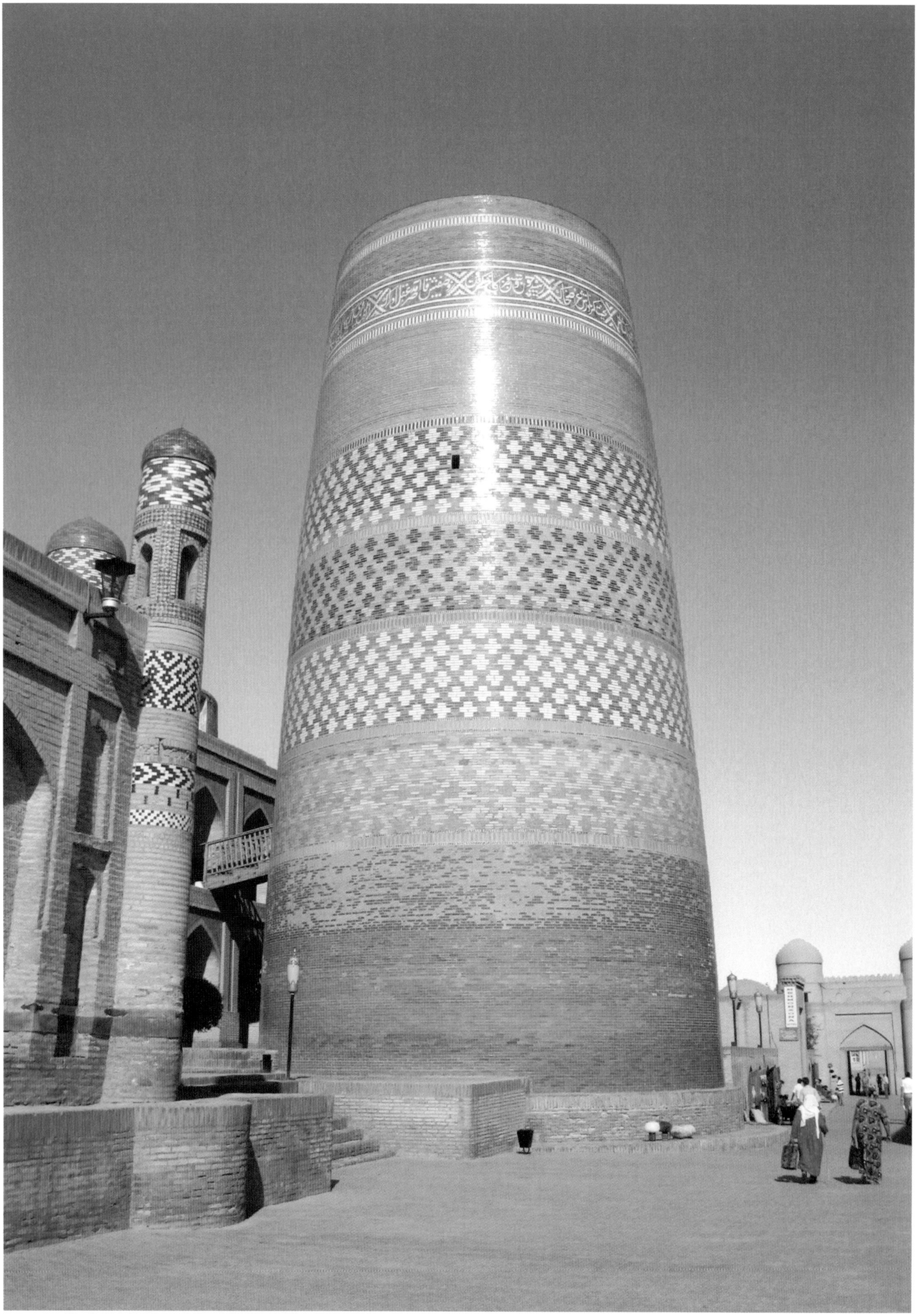

02   슬픈 사연이 깃들어 있는 미완의 '짧은 (칼타) 미나라', 1852년에 착공 3년 만에 중단, 현 높이 26m, 원래 계획 높이는 109m

03   내성 내에 있는 거주지 유적

04   쿠르간식 묘역

05   옛 성채

06,07   5000명을 수용할 수 있는 주마 마스지드(대사원)의 천장을 받들고 있는 212개의 나무 기둥, 기둥마다 굵기나 받침대, 조각이 서로 다름

08   화려한 문양의 아라베스크

09 호라즘의 쿠냐 우르겐치(투르크메니스
탄 영내)에 세워진 중앙아시아에서 가장 높은
탑(높이 65m, 145개 계단), 그 용도는, ① 이슬람
예배 시간을 알리는 미나라(첨탑), ② 등대, ③
망루, 칭기스칸이 파괴한 것을 복원

10 히바 근교의 고분군(쿠르간) 원경

11 쿠냐 우르겐치에 있는 쿠르간식 묘당

탈라스 전쟁의 현장 탈라스 평원

잠불

Dzhambul

01　탈라스강의 발원지 알라타우산맥

02　잠불 시가와 탈라스강

03　탈라스 성곽

잠불(옛 탈라스)

Dzhambul(Ancient Talas)

잠불(옛 탈라스) 입구

우선 '탈라스'라는 지명의 실체부터 밝혀야 할 것 같다. 왜냐하면 흔히들 오늘날 '탈라스'라고 하면 키르기스스탄의 서단, 카자흐스탄 접경지대에 있는 탈라스로 알고, 역사상 있었던 유명한 '탈라스 전쟁'이 바로 그곳에서 일어난 것으로 오해하고 있기 때문이다. 사실은 오늘날 카자흐스탄 남부 톈산산맥의 서단에 위치하고 있는 잠불이 바로 1200여 년 전에 있었던 '탈라스 전쟁'의 발발지 '탈라스'이다. 그런데 언제부터인지는 알 수 없으나, 이 옛 탈라스란 이름은 사라지고, 대신 1904년까지 인구 2만 명을 가진 작은 도시 아울리예아타(Aulie-ata)로 알려져왔다. 그러다가 이곳이 소련에 병합되면서 1936년에 카자흐 민족의 위대한 시인 잠불 자바예프(Dzh. Zyabaev, 1846~1945)의 이름을 따서 '잠불'이라고 다시 개명하였다. 카자흐스탄의 잠불과 키르기스스탄의 탈라스는 톈산산맥의 탈라스산에서 발원해 무준산맥(Mujun-kum)까지 흘러와서 잠몰(潛沒)되는 탈라스 강안에 자리하고 있으며, 서로의 거리는 24km에 불과하다.

잠불(옛 탈라스)은 카자흐스탄에서 역사가 가장 오래된 도시로서 일찍이 6세기 중엽에 비잔틴제국과 사신을 교환하면서 서방에 알려지기 시작하였다. 7세기에는 주화를 만들어 주변 나라들은 물론 멀리 서방과도 교역을 진행하여 9세기에 이르러서는 '상인의 도시'라는 국제적 명성을 얻었다. 629년 중국 고승 현장(玄奘)은 구법차 인도로 가면서 이곳에 들러, 성의 둘레는 8~9리이고 여러 나라의 상인들과 호인(胡人, 소그드인)들이 살고 있으며, 인근에는 300여 가구의 중국인들까지 있다는 기록을 남겨놓았다. 출토된 유물에서 보다시피, 찬란한 황금문화를 꽃피우고, 페르시아를 비롯한 주변 국가들과의 교류도 활발하였으며, 특수한 형태의 쿠르간 묘제도 도입하였다. 이러한 힘이 바탕이 되어 잇따라 카를루크와 카라한, 차가타이 등 유목민족국가들의 수도로 위용을 떨치기도 하였다.

751년 7월 탈라스강을 사이에 두고 이 초원실크로드의 요지(要地) 고도에서 수만 명의 당나라 원정군과 석국(石國, 타슈켄트)-이슬람 연합군 간에 5일 동안의 치열한 '탈라스 전쟁'(Battle of Talas)이 벌어졌다. '파미르의 주인'으로 일세를 풍미하던 고구려 후예 고선지(高仙芝) 장군이 이끈 이 원정은 '나폴레옹의 알프스 돌파보다 더 성공적인', 세계전쟁사에서 보기드문 대회전(大會戰)이었다. 그런데 이 전쟁에서 당군이 패전의 고배를 마심으로써 중앙유라시아에서 중국의 영향력이 퇴조하고, 대신 이슬람 세력이 급부상하며 이슬람화하는 등 국제정세에 획기적인 변화가 일어났다. 또한 아이러니하게도 전쟁의 결과 중국의 제지술이 중앙아시아와 아랍 세계, 나아가 유럽에 전파되는 등 문명교류에도 커다란 진전을 가져왔다.

04

05

04.05 포크로브카 초원의 쿠르간

10 석인상

11 페르시아식 연주문 토기 파편

12.13.14 조로아스터교 납골함(6~8세기)

15 | 18
16 |
17 | 19 20 21

15   탈라스 홍보 전단

16   각이한 형태의 적석 쿠르간

17   쿠르간군(群)

18   활기찬 교역시장 모습

19   탈라스에 관한 필자의 메모

20   초원실크로드 지도용 고선지 기마상

21   인근 마을에서 출토된 6세기경의 불상

ㅇ라리길이 68M
ㅇ라이라간(박물관)초창 (749원)
ㅇ 20·19 평선 조각
ㅇ 中의홍조 라크라고 추나, 이쪽30 할장스
   추아 나목)

narboto@mail.ru

톈산산맥 기슭에 흩어져 있는 이식 고분군

알마티

Almaty

01	04
	05
02	03
	06

01 전 세계 쿠르간 분포도

02 이식행 도로 표시 아치

03 이식 박물관 마당의 석인상

04 카자흐스탄의 쿠르간 분포도

05 알마티 주변의 쿠르간 분포도

06 사카 전사상

이식 고분군

Issyk Burials

카자흐스탄 알마티 동쪽 40km 떨어진 톈산산맥 지맥의 경사면에 여러 기의 크고 작은 묘들이 고분군을 이루고 있다. 그 가운데서 중형 규모의 고분(지름 60m, 높이 6m)이 1969년 공장 건설 부지에서 발견되었다. 2개의 묘실이 있는데, 그중 중앙 묘실은 이미 도굴당해 황폐화되었다. 거기서 남쪽으로 15m 거리에 있는 다른 묘실에는 유물이 남아 있었다. 카자흐스탄 과학아카데미 고고학 부장 아키셰프(K. A. Akishev) 일행은 이 묘실에서 숱한 금·은·청동 제품과 토기·목기를 발견하였다. 그 가운데서 가장 귀중한 것은 16~18세의 남자(일설은 남장한 여자) 유해인 키 215cm의 '황금 인간'(Golden Man) 유물이다. '황금 인간'이라고 부르는 것은 약 3000여 장의 황금 조각으로 지은 전개형(前開型, 앞섶을 열어놓는 복식형, 카프탄kaftan) 겉옷을 입고 있기 때문이다. 피장자는 약 150장의 황금 장식으로 꾸민 높이 65~70cm의 높은 원추형 모자를 쓰고 있다. 모자의 정면에는 염소 뿔과 날개가 달린 말 두 마리와 길쭉한 새의 날개 두 쌍이 새겨져 있다. 이 고분군의 조영자는 이 지역에 거주하던 유목민인 사카족이며, 그 시기는 기원전 5~4세기로 추정된다. 이란계에 속하는 사카족은 일찍이 흑해 연안의 스키타이나 볼가 강 연안의 사르마트인과 더불어 황금문화를 꽃피운 주역이다. 따라서 출토품에는 페르시아를 비롯한 서아시아 예술의 영향을 받은 흔적이 역력하다. 또한 '황금 인간'의 세부 장식품으로 나오는 나무 및 새 모양의 장식이나 머리 장식, 각종 침쇠 장식 등은 신라의 금관이나 황금유물에서 보이는 장식과 신통하게도 공통성을 지니고 있다. 이것은 두 지역 황금문화의 상관성을 시사한다.

이식 쿠르간 내부 모습

07　이식 쿠르간에서 출토된 기원전 5세기의 '황금 인간'(남) 복원도

08　이식 쿠르간에서 출토된 일괄 유물
①②③ 황금 옷 장식물(환상의 동물)
④용기
⑤황금 간두식 등 장식품

09	10		14	
			15	16
11				
12	13			17

09 '황금 여인'(기원전 8세기) 복원 제막식. 주최 측의 배려로 경상북도 친선 방문단 김남일 단장이 개막 테이프를 끊는 장면

10 출토 유물을 설명하는 이식 박물관 무크타로바 굴미라 관장

11 복원된 '황금 여인'

12 '황금 여인' 팔찌 복원도

13 '황금 여인' 관식(冠飾)

14 옷 장식 금박판

15 단검

16 목곽분

17 고깔모자를 쓴 사카 기마병

18.19.20 이식 쿠르간 단면도

21 대한민국 경상북도가 주관한 '초원실크로드와 북방협력 국제포럼' 개최 (알마티)에 즈음해 이식 박물관 정원에 세워진 '한국-카자흐스탄 실크로드 우호협력 기념비'(2018.6.2. 건립)

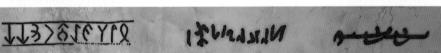

31 고깔모자를 쓴 사카인들의 진공도(進貢圖)

32 단검을 휴대한 사카 전사

33 여러 가지 형태의 비너스상

34 지친 전사를 위로하는 장면

35 활을 쏘는 기마전사

36 기마전쟁도

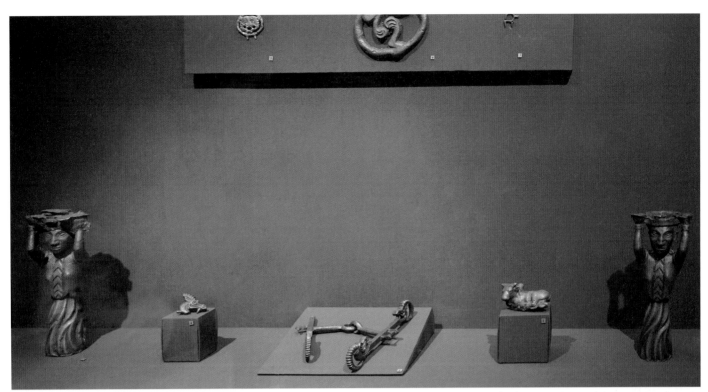

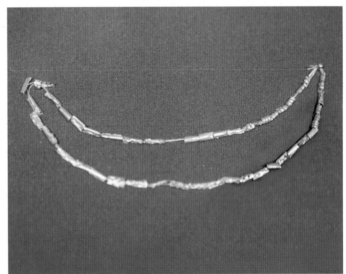

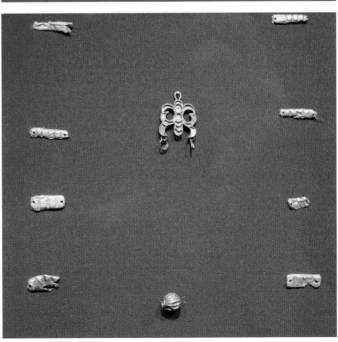

43 장식금박

44 장식금박

45 상감옥 금박무늬

46 황금가면

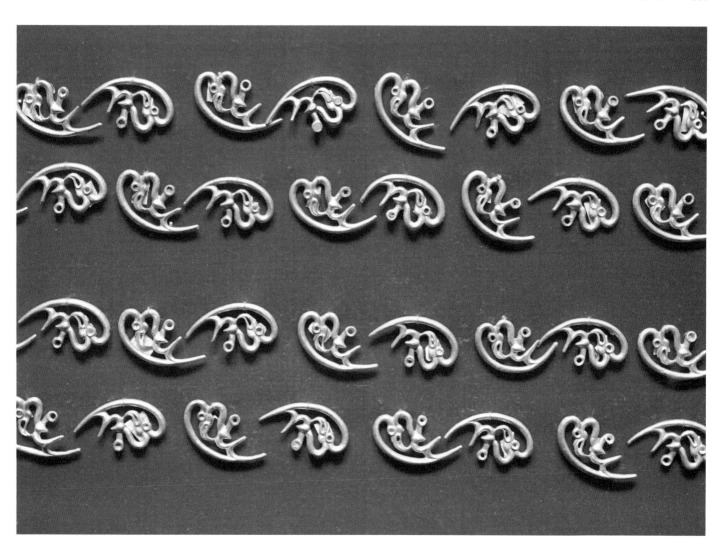

47 상감 간두식

48 상감옥 산양 장식

49 금관장식

50 구슬 목걸이

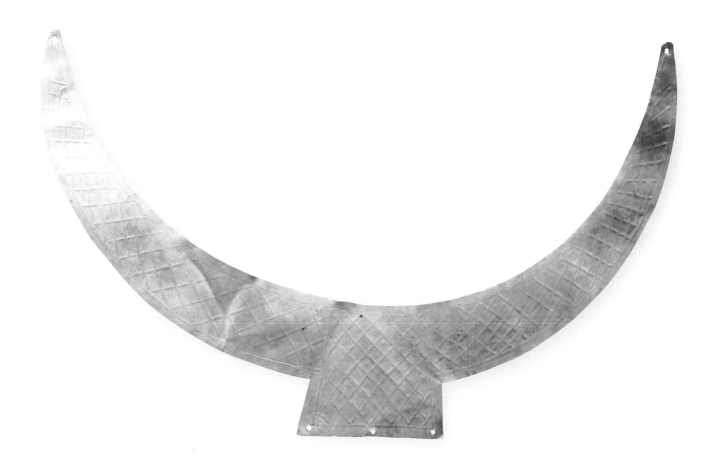

51 미나스 기마동상 광장에 세워진 키르기스스탄 국립역사박
물관 외관. 경내에도 적잖은 쿠르간이 산재해 있으며, 여기서
출토된 귀중한 황금유물이 박물관에 소장되어 있음

52 금동좌불상

53　금동불상(6세기)

54　5중 금동불상

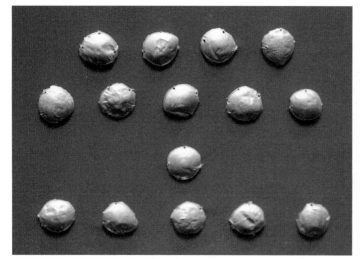

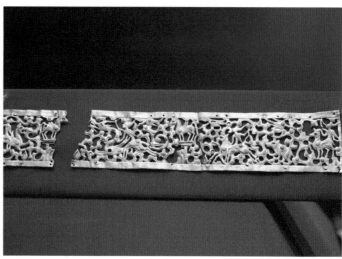

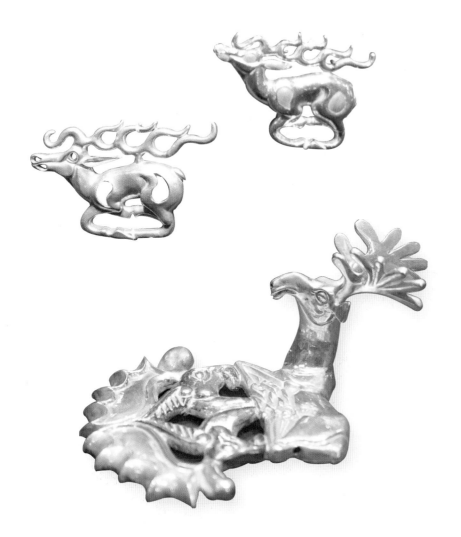

스키타이 동방무역로의 남쪽 경계로 추정되는 신장 타림강

신장

Xinjiang

01 │ 03
02 │ 04

01 타림강 대교비

02 현 타림강 대교 모습

03 신장 박물관 외관

04 신장성 지도

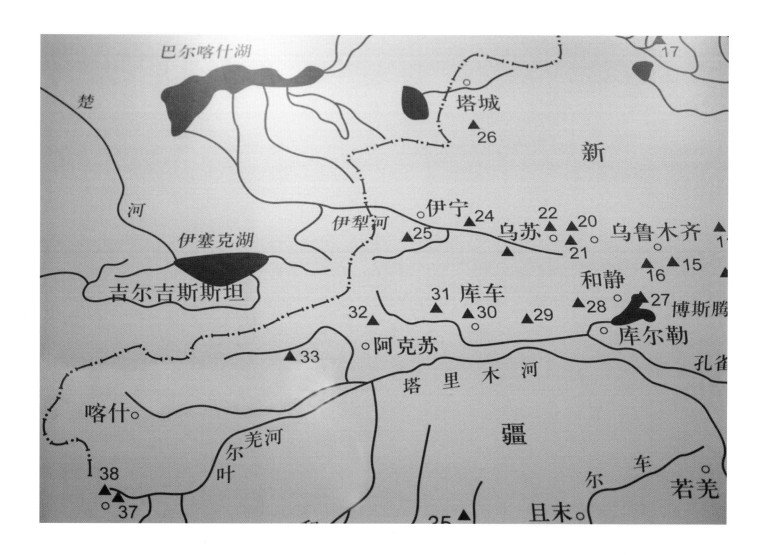

05 　우루무치시 아라거우(阿拉溝) 고분에서 출토된 토기, 견직물, 금박 띠
장식 등 유물(2300년 전)

06.07 　호랑이 무늬 금패 장식과 호랑이 대칭문 금박 띠 장식

08 　쿤룬산맥 출토 유물(황금 귀걸이, 청동 도끼, 검, 도기류 등)과 체무얼체커
(切木爾切克) 출토 유물(도기류, 석인상 등)

09 　암각화, 활, 쟁기 등 출토 유물

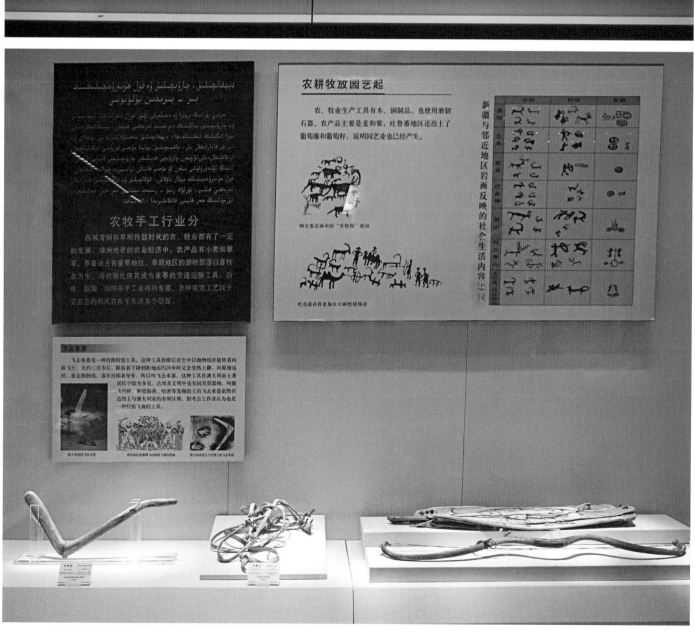

柳叶交河车师城

居住在吐鲁番盆地的车师人创造了独具特色的文化,如交河故城沟西、沟北的墓葬,规模宏大,出土了动物纹金器、金首饰、陶器等随葬遗物,应是当地贵族的葬身之所。

发掘后的交河沟北墓葬

动物纹金属器对比图

金冠饰对比

吐鲁番出土金冠饰　中亚出土金冠饰　内蒙古出土金冠饰

金骆驼对比

吐鲁番出土金骆驼　哈萨克斯坦出土金骆驼　内蒙古出土青铜骆驼

金鹿对比

吐鲁番出土金鹿　哈萨克斯坦出土金鹿　蒙古国出土青铜鹿

吐鲁番出土金骆驼

10		16
11		17
12	13	18
14	15	

10 류예자오허처스청(柳葉交河車師城) 출토 유물. 동물 무늬의 금속기와 투루판(吐魯番)에서 출토된 금관식(金冠飾), 황금 낙타의장, 황금 사슴 등

11 황금 목걸이 장식, 동물 무늬의 금패 장식

12.13 투루판 출토 황금 낙타의장

14.15 투루판 출토 황금 사슴상

16 구슬 목걸이

17 당대(唐代) 실크로드 전도

18 신장의 청동기시대와 초기 철기시대의 유적 분포도

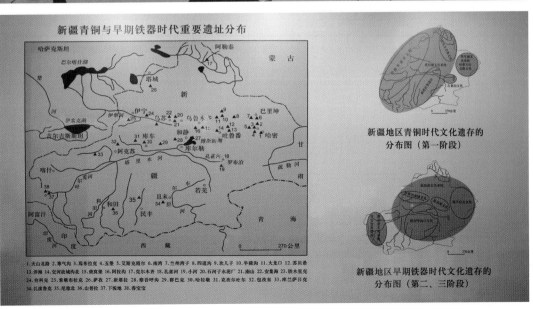

新疆青铜与早期铁器时代重要遗址分布

新疆地区青铜时代文化遗存的
分布图（第一阶段）

新疆地区早期铁器时代文化遗存的
分布图（第二、三阶段）

1. 天山北路 2. 寒气沟 3. 焉布拉克 4. 五堡 5. 艾斯克霞尔 6. 南湾 7. 兰州湾子 8. 四道沟 9. 玖儿子 10. 羊缆沟 11. 大龙口 12. 苏贝希
13. 洋海 14. 交河故城沟北 15. 徽窝堡 16. 阿拉沟 17. 克尔木齐 18. 孔雀河 19. 小河 20. 石河子水泥厂 21. 南山 22. 安集海 23. 铁木里克
24. 奇台克 25. 素瞳布拉克 26. 萨衣 27. 新塔拉 28. 察吾呼沟 29. 郧巴克 30. 哈拉墩 31. 夜夜哈吐尔 32. 包孜呼尔 33. 库兰萨日克
34. 扎滚鲁克 35. 尼雅北 36. 山普拉 37. 下坂地 38. 香宝宝

19	20	24
21	22	23	25
		26

19 각종 동검과 도끼

20 청동 인물조각상

21 여인 복식

22 석인상

23 사슴돌

24 원주민 생활상

25 미라

26 3800년 전 태양묘(太陽墓)에서 발굴된 구무
거우(古墓溝)의 묘제를 볼 수 있는 미라

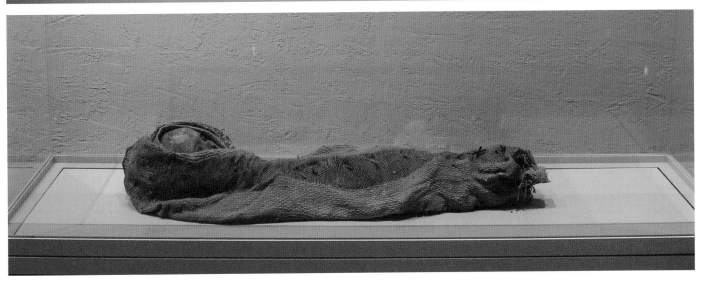

27	28
	29

27 자오허(交河) 고성(故城) 입구

28.29 고성 터

우코크(Ukok) 고원에서 흘러내리는 카툰(Katun)강

러시아 알타이

Russia Altai

01   악타쉬(Aktash) 마을에서 60km 떨어진 출루쉬만(Chulyshman) 지역 발
렉투유츠 마을(고도 1700m)의 5기 적석목곽 쿠르간

02   쿠르간 도굴 상태

03   적석(積石) 쿠르간

04   목곽(木槨) 쿠르간

05 쿠르간은 계곡의 나무숲 속에 위치

06 출루쉬만강 계곡 풍경

07 1920년대 산비탈에 부설된 구(舊) 초원로

08 악타쉬에서 6km 지점의 계곡 도로 옆에 설치된 자동차 조형물

09 악타쉬에서 75km 떨어진 아드리칸에서 발견된 석인상, 알타이 지역에서 유일하게 바깥 현장에 남아 있는 석인상, 키 2m의 사면체

10 방대한 규모의 칼박-타시 암각화군

11 세계적인 칼박-타시 암각화군의 암각화
① 줄 지은 암각화
② 큰 사슴 암각화
③ 인물 암각화
④ 피어난 돌꽃

12	14
13	15

12 칼박-타시 암각화군에서 3km 지점인 임야에 있는 3인 석상. 좌우에 있는 석상의 높이는 각각 2m 20cm, 중간에 있는 석상은 1m 10cm

13 카라콜 계곡의 바샤다르 쿠르간 해설원 마무에마 나탈리야의 말에 의하면, 이 계곡의 7km 구간에 52기의 쿠르간이 널려 있는데, 그중 27기는 아직 미발굴 상태, 기원전 5세기에 스키타이들이 조성한 쿠르간들로 1952년부터 발굴 시작

14 바샤다르 적석목곽 쿠르간

15 바샤다르 쿠르간, 돌출한 돌이 쿠르간 자리였음을 증명

Курган "Бирюзовая Катунь-3" VII-VIII вв. н.э.

16	19		
17	18	20	21
		22	23

16 예르조바 카툰 3 지역에서 출토된 유물

17 석인상

18 나무숲 속의 작은 박물관

19 쿠르간에서 출토된 말뼈와 인골, 철기 등 유물

20 알타이 민족인류학박물관 외형, 10평짜리 삼각형 집

21 박물관장이 전시품을 설명, 이름에 어울리지 않게 작은 박물관, 각종 민예품 전시

22 상상 동물의 목각품

23 박물관에 전시된 각종 뿔잔

우코크 분묘군 중 얼음 공주가 발견된 쿠르간

파지리크

Pazyryk

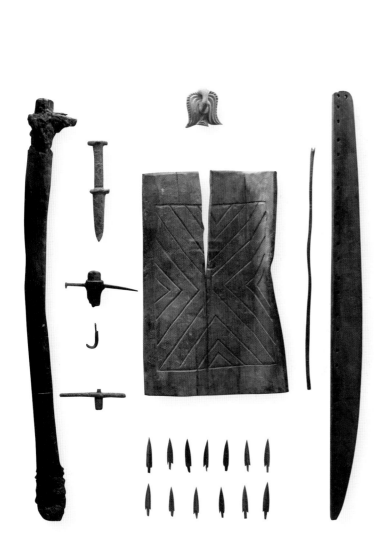

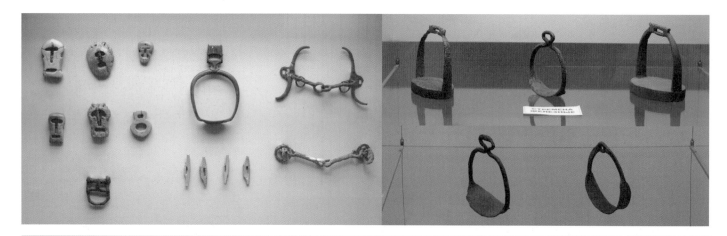

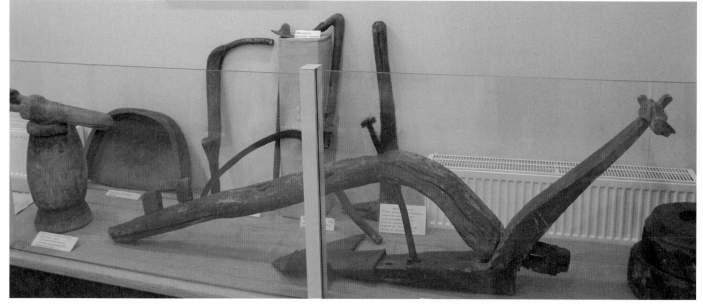

13 목곽과 인골, 동물 뼈

14 재갈과 등자 등 각종 마구류

15 쟁기 등 농기구

16 여러 가지 동물과 인면, 달과 별, 물고기, 거북이 무늬가 어우러진 장식판

17 스키타이의 전통 복식(여)

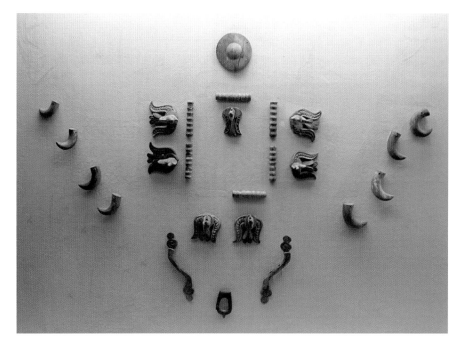

25.26.27.28 '얼음 공주' 문신에서 보이는 각종 동물 문양 장식

29 말 손잡이 달린 솥

30 기마전사의 모자 장식

31 쿠르간 발굴 현장

32 청동 목걸이

파지리크 고분군

Pazyryk Burials

헬기에서 내려다본 우코크 얼음 공주 쿠르간 자리

1929년 소련 그랴즈노프(M. P. Gryaznov)를 단장으로 한 고고학 조사단이 동부 알타이의 해발 1650m나 되는 파지리크강 계곡에서 거대한 적석목곽(積石木槨) 쿠르간(제1호분)을 발견하였다. 동토(凍土)층에 2층 목곽(木槨)으로 된 이 고분에는 많은 목제품과 직물이, 그리고 곽실 밖에는 10필의 말이 부장되어 있었다. 이어 1947~1949년에 루덴코(S. I. Rudenko)를 단장으로 하는 소련 국립민족학박물관 알타이 조사단이 4기의 고분을 추가 발견한 후에 고분 1기(제6호분)가 더 발견되었는데, 이 기원전 5~3세기에 조성된 6기의 고분군을 파지리크 고분군이라고 한다.

이 6기의 쿠르간은 남북 일렬로 배치되어 있는데, 그중 최대 쿠르간은 직경 47m에 높이 2.2m로, 축조하는 데 1800m²의 돌과 흙이 소요되었다. 이 고분군은 파지리크 문화의 대표적인 유적지다. 파지리크 문화는 예니세이강 유역에서 번성한 다카르 문화(일명 미누신스크 쿠르간 문화, 기원전 10~8세기)와 동시대에 알타이 산지에서 흥기한 마이에르 문화를 계승하였으며, 창조자는 월지인(月氏人)들이라는 것이 중론이다. 고분군의 피장자는 쿠르간의 규모라든가, 일렬로 나란히 배치되어 있는 점, 그리고 호화로운 부장품 등으로 미루어볼 때 한 부족의 수장(首長)은 아니고 혈연관계 같은 어떤 상관성을 가진 대부족 연합의 군장(君長)들로 추측된다. 따라서 그들을 정점으로 하고 파지리크 문화를 바탕으로 한 어떤 '왕조'가 존재했을 개연성을 시사한다.

파지리크 고분 유적은 쿠르간의 구조라든가 출토된 유물들에서 뚜렷하게 동서교류상을 엿볼 수 있는데, 그중에는 스키타이 문화와의 관련성을 시사해주는 유물이 가장 많다. 쿠르간의 축조법과 매장법이 흑해 연안에 산재한 스키타이 쿠르간과 같은 형태다. 즉 묘광(墓壙)을 깊이 파서 큰 곽실(槨室)을 만든 다음, 그 위에 돌이나 흙을 높이 쌓는 쿠르간 축조법과 말을 배장(陪葬, 3호분에 9필, 4호분에 14필)한 것은 서로 같다. 3호분에서는 약 70cm 길이의 바퀴통에 바퀴마다 34개

의 바퀴살이 달린 높이 1.5m의 스키타이식 목제 사륜 고차(高車)가, 2호분에서는 스키타이식 미라를 한 남녀 유체(遺體)가 각각 발견되었다. 그 냉동된 여자 유체를 '얼음 공주'라고 부르며, 남자의 유체에는 검은색 안료 문신이 새겨져 있다. 유물 중에서 스키타이 문화와의 친연성이나 영향 관계를 가장 뚜렷하게 나타내는 것은 동물 문양을 비롯한 각종 예술 문양이다. 파지리크 예술 문양에서 중요한 자리를 차지하는 것은 동물 문양인데, 많이 등장하는 동물로는 순록·산양·야생토끼·호랑이·사자·돼지·백조(白鳥)·수탉·펠리컨(pelican, 사다새) 등이며, 그밖에 그리폰(gryphon, 그리스 신화 속 날개 돋친 괴수)을 비롯한 여러 가지 상상 속의 동물들도 있다. 2호분에서 출토된 남자 시신의 좌우 팔과 정강이에는 이러한 동물 문신이 새겨져 있으며, 5호분에서 출토된 벽걸이 모전(毛氈)에 그려진 스핑크스는 동체(胴體)와 두 손은 인간이지만 하반신은 사자상을 하고 있다. 고분에서는 중국과의 교류를 상징하는 몇 가지 유물이 출토되었는데, 5호분에서는 중국산 자수가 있는 견직물이, 6호분에서는 기원전 4세기경 중국 전국시대의 산자문청동경(山字文靑銅鏡)이 각각 출토되었다. 스키타이나 중국과 관련된 이상의 유물 외에도 페르시아를 비롯한 서아시아 문화와 관련성이 있는 유물들도 다수 발견되었다. 대표적으로 5호분의 벽걸이 모전 문양에서 그러한 증거를 찾아볼 수 있는데, 여기에는 몇 점의 동물투쟁도와 서아시아 오리엔트식 기사도(騎士圖) 2점이 있다. 그중 관을 쓰고 앉아 있는 여신(女神) 앞으로 말을 타고 다가가는 기사의 용모는 알타이 현지인이 아니라 서아시아의 아르메니아 인종이 분명하다. 그밖에 모전이나 직물에서 서아시아적 기하학 문양도 눈에 띈다. 이와 같이 파지리크 고분군은 기원전 알타이 지방을 중심으로 한 동서간의 교류상을 입증하는 대표적인 유적이다. 알타이 지방에는 파지리크 고분과 유사한 분묘로, 바샤다르(Vashadar) 고분과 투엑타(Tuekta) 고분이 있다.

33

34
35

33   산기슭의 우코크 고분군

34   파지리크 고분군 지상 풍경

35   우코크 얼음 공주 쿠르간에 착륙한 헬기

36

37 | 38

36 몽골·중국과 러시아 알타이 국경지대

37 헬기에서 내려다본 파지리크 고분군

38 헬기에서 내려다본 카툰강

39 바르나우시 민속박물관 외관

40.41 박물관 정원에 세워진 석인상

42 황금 동물투쟁도

43 각종 도검

КЛАД БРОНЗОВЫХ ВЕЩЕЙ. с. Новообинцево,
Шелаболихинский район.

1-7. Наконечники стрел. 8. Модель меча. 9. Изображение
человекоподобного "божества". 10. Поясная пластина-пряжка.
11. Обломок художественного изделия. 12. Бляха. 13. Зеркало.
14. Поясная обойма. 15. Пряжка с изображением кабанов. 16. Зеркало.
17. Обломок художественного изделия. 18. Морда медведя.
19.20. Изображение фантастического существа. 21. Бляха.

44 도검과 도끼, 말머리 장식물

45 도기와 거울, 목걸이 등 유물

46 난방 설비

47 이륜마차

48 각종 간두식(竿頭飾)

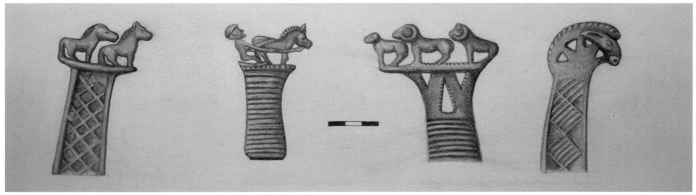

노인 울라

할흐골

노보고르데예프카

눙안　발해 상경　우스리스크

지안

평양

경주

제3부

동북아시아 구간

몽골 알타이
Mongol Altai

노인 울라
Noin-Ula

대흥안령
Greater Khingan Range

고구려
Goguryeo

발해
Balhae

신라
Shilla

솔빈부
Solbin-bu

이끄는 글

동북아시아 구간

1. 몽골군의 서정(西征)

초원의 패자가 된 신흥 몽골제국은 40여 년간(1219~1260) 세 차례에 걸쳐 역사상 유례없는 대규모의 서정(西征)을 단행하였다. 서정의 표면적 이유는 1219년 인접국 호라즘의 오트라르(Otrār)에 파견된 몽골 통상사절단이 피살된 이른바 '오트라르 사건'이지만, 그 근본적인 원인은 아무래도 이 제국의 건국이념에서 찾아야 할 것이다. 칭기즈칸과 그 자손들을 비롯한 제국의 건국자들은 정치적으로 세계대동주의(世界大同主義)를 제창함으로써 정복욕에 불탔고, 경제적으로 유목국가로서의 숙명적인 중상주의(重商主義)를 추구함으로써 상업욕을 충족시키고자 하였으며, 문화적으로 개방주의를 실현하기 위해서는 교류와 수용에 적극적일 수밖에 없었다. 이와 더불어 군사적으로는 유목기마민족의 본능대로 기동력이 뛰어난 무적의 기마군단을 보유함으로써 원정에 자신감을 가질 수가 있었다.

이러한 제반 요인에 의해 가동된 몽골군의 세 차례 서정은 그야말로 파죽지세로 전개되었다. 제1차 서정(1219~1225)은 칭기즈칸이 직접 이끈 중앙아시아 원정으로 '칭기즈칸 서정'이라고 한다. 20만 대군을 이끈 칭기즈칸의 진두지휘하에 4남이 다 가담한 전광석화와 같은 진격 앞에 호라즘은 맥없이 무너지고 사마르칸트와 부하라 같은 고도도 일시에 서정군의 수중에 들어갔다. 칭기즈칸은 귀국길에 서하(西夏)를 멸하였다.

제2차 서정(1235~1244)은 칭기즈칸의 장남 주치의 차남인 바투의 통솔하에 50만 대군이 투입된 유럽 원정으로 '바투 서정'이라고 한다. 장남을 출정시키면 '인마(人馬)가 늘어나고 위세가 높아진다'는 칭기즈칸의 차남 차가타이의 제언에 따라 네 아들의 장자들뿐만 아니라 기타 제후와 부마들의 장자들까지도 대거 동참하였다. 그래서 이 서정을 '장자 서정'이라고도 한다. 서정군은 3년도 채 안 되어 모스크바 공국을 비롯한 러시아 주요 지역을 점령하고 나서 세 갈래로 나뉘어 각각 오늘의 폴란드와 헝가리, 루마니아를 공략하고 오스트리아를 지나 이탈리아의 베네치아까지 진출, 유럽의 심장부에 이른다. 제2대 칸 오고타이 칸의 사망 소식을 듣고 귀국하는 길에 바투는 볼가강 하류 일원에 킵차크 칸국을 세웠다.

제3차 서정(1253~1260)은 칭기즈칸의 4남 툴루이의 차남인 훌라구의 지휘하에 진행된 서아시아 정벌로 '훌라구 서정'이라고 한다. 서정군은 카스피해 남부에 있는 이란 지역을 평정한 후 압바스조 이슬람제국의 수도 바그다드를 함락시키고 메카와 예루살렘에 이어 다마스쿠스를 점령한다. 형 몽케 칸이 송(宋)과의 전쟁에서 진몰(陣歿)했다는 소식을 듣고 회군하다가 이란을 중심으로 한 일원에 일 칸국을 건국하였다.

이것이 인류역사상 3대 군사원정의 하나로 꼽히는 몽골군의 서정이다. 몽골군이 승승장구 불패의 서정을 단행할 수 있었던 데는 몇 가지 요인이 있다. 우수한 사회적 전범(典範)과 도덕률이 첫째 요인이다. 몽골인들은 국가의 대사를 토의 결정하는 족장 등 지도자들의 모임인 '쿠릴타이'로 다민족 사회의 통합을 이루고 거국적 사업에 힘을 모아갔다. 그리고 사회계약인 칭기즈칸의 '예케 자사크'(대법령)에 의해 몽골 사회는 규율과 도덕, 친화력, 비전으로 똘똘 뭉쳤다.

둘째 요인은 탁월한 기마전술에 바탕한 강력한 군사력이다. 그들은 정연한 군사운영체계와 영활한 전략전술, 우수한 장비와 무기에 의해 원정을 효율적으로 운영할 수 있었다. 대외원정일 경우 적어도 2년간의 의견수렴과 쿠릴타이의 최종 결정 등의 준비를 걸쳐 수행하고, 전투에는 '바이토르(용사) 군단' 같은 저승사자 군단들이 최선봉에서 전투를 이끌며, 일체 군수품은 병사들 스스로가 부담하는 파격적인 군사보급체계를 운영하였다. 셋째 요인은 칭기즈칸을 비롯한 대칸들의 탁월한 지휘능력이다. 그들의 지휘능력은 믿음과 충성에 바탕한 친화력과 통합력, 그리고 결단력의 소산이다.

몽골의 세 차례 서정에 의해 생겨난 엄청난 세계적 변화를 후세 역사가들은 '팍스 몽골리카'라는 한마디로 요약한다. 이 말은 '몽골의 평화'라는 뜻으로 '팍스 로마나'(로마의 평화)에서 따온 말이다. 그런데 이 말을 두고 여러 가지 엇갈린 해석들이 있다. 어떤 이는 마치 '평화'라고 해서 서정을 통해 이루어진 몽골제국 시대에 전쟁은 없이 그저 평화만이 감돈 것으로 착각한다. '신의 채찍'으로 자부한 몽골 서정군이 이곳저곳에서 저지른 살육·약탈·파괴는 전쟁, 그것도 유목기마민족이 치른 전쟁이라는 점을 감안하면 일종의 상규(常規)라고 해도 무방할 것이다. 그럼에도 불구하고 '팍스 몽골리카' 운운하는 것은 이 서정으로 인해 13~14세기 유라시아 대륙에 몽골 주도하의 새로운 국제질서가 출현했기 때문이다. 통일적인 몽골제국의 관할하에 역참제도(驛站制度)를 비롯한 동서 간의 정연한 교통체계와 소통구조가 구축됨으로써 각이한 문명 간의 교류와 만남이 범세계적으로 촉진될 수 있게 한 새로운 국제질서가 수립되었던 것이다.

칭기즈칸과 그 자손들이 40여 년간에 걸쳐 단행한 세 차례 서정은 동서문명의 교류에 다음과 같은 두 가지 측면에서 큰 영향을 미쳤다. 첫째, 동서문명의 교류를 촉진시키는 권력구조가 창출되었다. 문명은 속성상 자율적으로 교류되기도 하지만 권력의 행사나 위정자의 의지에 의한 타율적인 충동이 교류에 크게 기능할 수도 있다. 이러한 행사와 의지가 순기능적이고 건설적일 때 교류는 가속화된다. 그뿐 아니라 통일 제국의 권력구조하에서 이들 문명 간의 교류를 저해하고 차단하던 여러 요인들이 제거됨으로써, 비로소 문명 간의 교류를 획기적으로 촉진시킬 수가 있었다. 서정의 결과로 출현한 오고타이 칸국(알타이산맥 일대), 차가타이 칸국(중국 신장

성과 아무르강 이동 지역), 킵차크 칸국(동유럽 지역), 일 칸국(페르시아와 소아시아 지역) 등 4대 칸국은 몽골 대제국의 중요한 구성 부분으로서 유라시아의 동서남북에 자리하여 동서문명의 융합과 교류에 적극 기여하였다.

둘째, 몽골군의 서정으로 인해 출현한 4대 칸국과 몽골, 그리고 중국까지 포함하여 동서 간의 교통이 전례없이 발달하였다. 그 요인은 우선 유라시아의 광대한 지역에 통일적인 대제국이 건설됨으로써 동서교통에 대한 인위적인 장애가 제거되었기 때문인데, 실크로드 전체가 몽골인들의 관장하에 놓이게 됨으로써 동서교통이 통일적으로 원활하게 소통될 수가 있었다. 특히 제국의 중앙정부는 4대 칸국과의 연계를 보장하기 위하여 역체(驛遞)제도를 비롯한 교통제도와 수단을 대거 개발·이용하여 정연한 교통체계를 구축하였다. 동서교통의 전성기가 도래하게 된 또 다른 요인은 적극적인 대외경략과 대외교류 정책 추구이다. 몽골제국은 서방의 4대 칸국에 대한 경략은 물론이거니와, 동방의 한국이나 일본, 남방의 동남아시아 제국에 대한 진출에도 전력을 다함으로써 이에 필요한 교통도 적극 개발하게 되었다.

이러한 정치사적 및 교통사적 의미와 더불어 몽골군의 서정은 동서 간의 문물교류도 크게 추진하였다. 우선 중국 문물의 직접적인 서전(西傳)이다. 전대인 당송시대에 제지법·인쇄술·나침반·화약 등 중국의 선진 문물이 유럽에 소개되기는 하였지만, 모두가 아랍인들의 중간 매개를 걸쳐 이루어졌다. 그러나 몽골제국하에서는 이러한 중간 매개가 필요 없이 교역품이 직접적으로 정확하게 전달될 수 있었다. 서구인들은 서정한 몽골군으로부터 다량의 화약을 획득함으로써 병기와 전술의 개선에 결정적인 계기를 마련하였다. 유럽의 왕조들은 이러한 화약병기로 이때까지 난공불락으로 여겨온 봉건 귀족들의 성보(城堡)를 격파하여 통일 민족국가를 출범시킬 수 있었다. 제지법과 인쇄술의 직접적인 수용은 서구문명의 진보에 크게 기여하였다. 나침반의 사용은 항해술을 획기적으로 발전시킴으로써 미래의 지리적 발견과 대항해시대의 도래에 대비할 수 있었다.

이와 더불어 서구 문물의 동방 전래도 서정이 가져온 또 하나의 긍정적 결과라고 할 수 있다. 원대 이전에는 주로 인도나 페르시아인들에 의해 서역문화가 동방으로 전해졌다. 그러나 몽골군의 서정 이후에는 아랍-이슬람문명과 서구문명이 거침없이 직접 동방에 대거 유입될 수 있었다. 그리하여 동방의 천문학과 의약·건축 등 다양한 방면에 아랍-이슬람문명과 서구문명의 영향이 미쳤으며, 기독교와 이슬람교 등 서방 종교들도 더불어 유입되었다.

이와 같이 몽골군의 서정과 그를 계기로 출범한 몽골제국은 중세 북방 유라시아 실크로드의 부흥과 문명교류의 활성화에 괄목할 만한 기여를 하였다.

2. 러시아의 시베리아 개척

넓은 의미에서 보면 시베리아는 북방 유라시아 초원의 동단(東段)에 해당하는 지역이다. 그럼에도 지금까지는 이 지역에서의 초원실크로드의 개척이나 전개에 관해서는 연구가 거의 미치지 못하였다. 그 주원인은 개척이 너무나 뒤늦게 이루어지다보니 이 지역에서의 문명교류나 그 통로인 실크로드가 무시당할 수밖에 없었기 때문이다.

16세기 말엽 카자흐 기마병의 말발굽 소리가 들리기 전까지만 해도 시베리아는 고요한 잠 속에 묻혀 있었다. 모든 것이 신비에 싸여 있던 세상이다. 평균 높이가 500m에도 못 미치는 나지막한 우랄산맥을 사이에 둔 러시아조차도 그 동쪽 세계에 관해선 무지 그 자체였다. 일찍이 11세기부터 노브고로드인들을 비롯한 러시아 사람들이 간혹 모피 같은 토산품을 구하기 위해 우랄산맥을 넘나들었지만, 그 동쪽에 있는 세상에 관해서는 괴담과 수수께끼로만 입방아를 찧을 뿐이었다. '머리가 없는' 사람이 있는가 하면, 두 어깨 사이에 입이 있고, '여름 내내 물속에서 살며' '땅속을 걸어 다닌다'는 등 실로 허무맹랑한 괴담으로만 알고 있었다.

아이러니하게도 이에 반해 서구에서는 일찍부터 이 지역에 관해 관심을 갖고 탐험도 하면서 이러저러한 기록을 남겨놓았다. 16세기 초 영국은 아시아를 향한 항로 개척을 위해 북빙양(북극해)을 에돌아 시베리아의 오비강을 거쳐 중국으로 진입하려는 탐험을 몇 차례 시도했으나 실패하고 말았다. 시베리아에 관한 서방의 최초 기록은 폴란드의 역사학자 마트베이(Matvei)가 1517년에 쓴 「두 싸르마찌예에 대하여」란 논문이다. 그는 당시 폴란드에 온 러시아인들로부터 얻은 자료에 근거해 러시아 동쪽 지역, 즉 시베리아에 관해 언급하고 있다. 몇몇 곳을 지명하면서 각각 고유한 언어와 풍습이 있음을 밝혔다. 그러나 이곳 토착민은 경작을 하지 않고 빵과 금전에 대한 개념이 없으며 동물 가죽을 뒤집어쓰고 사는 '짐승 같은' 원시인으로 묘사되어 있다.

신성로마제국의 대사 지기스문트가 남긴 단행본 『모스크바에서의 일들에 관한 기록』(1549)에도 유사한 내용이 실려 있다. 저자는 1516년과 1526년 두 차례에 걸쳐 러시아에 다녀온 후 이 책을 저술하였다. 이 책 역시 15세기 말에서 16세기 초 사이에 시베리아를 다녀온 사람들로부터의 전문을 바탕으로 쓴 것이다. 오비강 일원에 관한 이야기가 많은데, 사실적인 것도 있지만 강 유역에 살고 있는 '검은 인간'들은 11월 말에 죽었다가 이듬해 4월에 되살아난다든가, 오비강 상류로 추측되는 '꼬싸마'강 건너편엔 털북숭이 인간, 때로는 개의 머리를 하고 다니는 원시인이 살고 있다는 등 엽기적인 우화를 전하고 있다. 이렇게 북빙양의 해상 탐험에 주안점을 둔 서구인들의 시베리아에 관한 지식은 비록 러시아인들에 비해 약간 앞서고 기록도 남겼지만 내용은 그것이 그것이다.

러시아이건 서구이건 간에 이렇게 시베리아를 바로 이해하지 못하고 개척할 수도 없었던 것은 몽골에 의한 차단이 주원인이었다.

바꿔 말하면 러시아와 서구에 대한 몽골의 유린과 지배가 제거됨으로써 비로소 러시아와 서구는 시베리아를 제대로 이해하고 개척할 수가 있었던 것이다. 제2차 몽골 서정군이 유럽 전역을 석권하고(1235~1244) 그 결과로 출현한 킵차크 칸국이 230여 년 동안이나 러시아를 지배함으로써 서구나 러시아는 동방 시베리아에 눈길을 돌릴 여유가 없었다. 특히 러시아는 인접하고 있음에도 불구하고 감히 시베리아에 손을 뻗칠 엄두를 낼 수가 없었다.

칭기즈칸의 맏아들 주치의 차남 바투가 이끈 15만의 제2차 서정군은 일격에 모스크바를 비롯한 러시아 전역을 초토화시키고 볼가 강변의 사라이(Sarāi)를 수도로 한 킵차크 칸국(1243~1480)을 세워 러시아를 지배하였다. 러시아인들은 몽골의 러시아 지배를 '타타르의 멍에'라고 그 굴욕을 표현하곤 하였다. '타타르'라는 말은 원래 몽골의 한 부족명인 달달(韃靼)의 음사였으나, 러시아에 그 이름이 전해지면서 '지옥'이라는 뜻의 그리스어 '타르타로스'와 연관시켜 몽골인들에 대한 비칭으로 사용하였다. 후에는 투르크계 민족들까지를 포함한 유목기마민족 전체에 대한 통칭이 되어버렸다. 당시 서구에도 이 이름이 전해졌으며, 오늘날까지도 러시아 경내에는 '타타르'라는 이름을 가진 몽골족 후예들이 살고 있다.

'후회는 동정의 열매'라는 칭기즈칸의 냉혹한 가르침을 받은 몽골 지배자들은 러시아 사회를 무참하게 짓밟고 파괴하였다. 이러한 굴욕적인 '몽골의 멍에'가 러시아의 서부 지방에서는 약 1세기, 북부와 중부 지방에서는 약 2세기, 시베리아와 인접한 남동부 지방에서는 근 3세기나 지속되었다. 그러나 일세를 풍미하던 킵차크 칸국의 위세도 내홍과 더불어 러시아 여러 공국들과의 대결에서 전패를 거듭함으로써 '몽골 불패의 신화'는 깨지고 말았다. 말 위에서 싸워 제국을 얻을 수는 있지만, 말안장에 앉아 제국을 통치할 수는 없다는 유목사의 역사적 교훈을 남기고 킵차크 칸국은 역사무대에서 사라졌다.

이제 러시아의 통치권은 러시아 평원의 중심부에 자리한 모스크바 강변의 자그마한 마을에서 일어난 모스크바 공국(1271)의 손으로 넘어갔다. 모스크바 공국은 주변의 여러 공국들을 병합하고 정교회를 영입해 급속하게 세를 키웠다. 급기야 킵차크 칸국의 예속에서 벗어나 러시아의 희망으로 떠올랐다. 특히 1480년에 등극해 44년 동안이나 지배자로 군림한 이반 3세는 대통일의 모스크바 시대를 선포하면서 강력한 전제주의적 민족국가 건설을 지향하였다. 그를 이어 모스크바 시대를 선도한 그의 손자 이반 4세는 전제주의적 폭군이었으나, 한편으로는 나라를 튼튼한 기반 위에 올려놓은 유능한 군주이기도 하였다. 이를테면 그의 54년간의 통치시대는 모스크바 시대의 장려한 서막을 장식한 전환기적 시대였다. 이러한 시대적 배경 속에 일어난 것이 바로 '미지의 세계' '잠자는 미녀' 시베리아에 대한 동진과 개척이다. 넓이로 보면 유럽 러시아의 두 배가 넘는데 사람은 거의 살지 않고, 간간히 들려오는 풍문에 의하더

라도 풍부한 부존자원을 품고 있는 땅, 그것도 나지막한 우랄산맥만 넘으면 가닿을 수 있는 땅, 시베리아는 하늘이 내려준 '복덩어리'였다. 그 매력에 끌리는 것은 너무나 당연한 일이다. 이제 남은 과제는 선봉장의 투입이었다.

그 선봉장 역할을 맡은 사람이 바로 4년간(1579~1582) 카자흐 부대를 이끌고 시베리아 원정을 단행한 예르마크다. 카자흐란 한 민족의 이름이기도 하지만, 당시는 러시아의 변방에 살고 있는 기마전사 집단을 도거리로 일컫는 말이었다. 여기에 더해 온갖 압제와 착취에서 벗어나기 위해 변방 지방으로 도망간 농민들도 카자흐라고 불렀다. 아무튼 카자흐는 수렵이나 어업, 약탈을 생업으로 하는 집단들이다. 예르마크는 볼가강을 항행하는 배를 기습해 약탈하는 카자흐 부대의 우두머리였다. 그의 시베리아 원정은 표면상 당시 러시아 문화예술의 후원자로 널리 알려진 스트로가노프(Stroganov) 가문의 사촉(唆嘱)하에 진행된 것으로 알려지고 있다. 이 가문은 이반 4세의 특허를 받아 우랄 지방에서 모피업과 제염업, 광산업, 농림어업 등을 경영하면서 막대한 부를 축적하고 있었다. 스트로가노프는 예르마크에게 후한 대가를 주면서 당시 우랄산맥 너머 오비강 유역을 장악하고 있던 시비르(Sibir) 칸국의 쿠춤(Kucum) 칸으로부터 자신의 영지를 보호하는 일을 맡겼다. 2년 후에는 다시 예르마크를 불러 시비르 칸국을 정복하면 차르가 후한 보상을 해줄 뿐만 아니라, 러시아 정부가 원정에 필요한 무기와 식량 일체를 대줄 것이라고 유혹하였다. 예르마크로서는 일확천금의 호기라서 대뜸 승낙하였다.

1579년 예르마크는 1000여 명의 카자흐 부대를 이끌고 시베리아 원정에 나섰다. 오비강의 지류인 이르티시 강변에서 벌어진 쿠춤 칸과의 전투에서 초전 대승을 거두었다. 수적으로는 열세였으나 화승총으로 무장한 카자흐는 활과 창으로 대응하는 적군을 쉽게 제압할 수 있었다. 3년 후에 양 군은 시비르 칸국의 수도 시비르에서 재대결하였다. 예르마크는 후퇴전술로 칸 군을 성 밖으로 유인한 다음 기습작전으로 시비르를 단숨에 함락하였다. 그는 시비르 칸국을 통째로 이반 4세에게 헌상하고 후한 상을 받았다. 그러다가 3년 후 예르마크는 칸국의 잔존세력들에게 불의의 기습을 당해 부상을 입고 도망치다가 이르티시강에 빠져 익사했다. 남은 부대는 시비르를 버리고 러시아로 돌아갔다.

그러나 유럽 러시아에 대공국의 발판을 마련한 이반 4세에게 시베리아는 '낚을 수 있는 사냥감'으로 비쳐졌다. 그는 정규군을 보내 본격적인 시베리아 진출에 나서게 하였다. 1588년과 1589년에 튜멘(Tyumen)과 토볼스크(Tobolsk)에 건설한 요새에 의지해 불과 10년 사이에 시비르 칸국을 완전히 정복해 러시아에 편입시켰다. 일단 전진기지인 시비르를 장악한 러시아인들의 동진 속도에는 날개가 붙었다. 예르마크의 출전으로부터 70년도 채 안 되는 기간에 러시아인들은 5000여 km를 달려 동쪽 끝 태평양에 다다랐다. 그들

은 이에 머물지 않고 다시 남하해 중국 청나라 국경지대인 헤이룽장(黑龍江) 일대까지 세를 확장하였다. 그러면서 청나라와 네르친스크 조약을 체결해(1689) 당면한 국경분쟁을 해결하였다.

이 모든 시베리아 개척활동은 우랄산맥 동쪽으로부터 남러시아의 광활한 초원지대를 지나 부분적으로 북방 침엽수림대(타이가)를 관통해 아무르강 일원까지 이어지는 시베리아 초원로를 따라 이루어졌다. 이 길의 서단은 전통적인 초원로의 일부이나, 동단은 새로 개척된 초원로이다. 러시아는 이 동단 초원로를 통해 시베리아, 특히 동시베리아에서 생산되는 담비와 족제비, 비버 같은 동물의 질 좋은 모피를 대거 수입해갔다. 그리하여 이 동단 초원로를 '모피의 길'이라고 부르는데, 이 길은 발해시대의 '모피의 길'과 연결되었다.

3. 소그드의 동진(東進)

'소그드'는 지명 소그디아나(Sogdiana)의 약어 혹은 복합명사로 쓰인다. 소그디아나는 지리적으로 중앙아시아의 시르다리야와 아무다리야 두 강 사이의 지역, 또는 사마르칸트를 중심으로 한 제라프샨강 유역(현 우즈베키스탄과 타지키스탄)을 지칭한다. 소그디아나는 이란어로 '반짝임' '연소(燃燒)'라는 뜻이라고 한다. 이슬람화 이전 시대에는 흔히 '트란스옥시아나'(Transoxiana)라고 불렸으며, 이후에는 아랍어식으로 '마워라알나흐르'(Máwarádnahr, 강 뒤에 있는 곳, 하외지역河外地域)라고 하였다. 한편 '소그디아나'는 원래의 뜻과는 무관하게 그리스어식으로 '소그드인들이 사는 지역'이라는 뜻으로 사용되었는데, 이 말은 기원전 6세기 아케메네스조 페르시아 시대에 세워진 베히스툰 비문에 처음 등장한다. 비문에는 예하의 주(州) 이름으로 '수그다'(Sug(u)da)가 언급되고 있는데, 이 말은 조로아스터교의 경전인 『아베스타』에도 나온다. 『당서(唐書)』를 비롯한 한적(漢籍)에 나오는 '속특국(粟特國)'은 어느 한 나라를 지칭하는 것이 아니라, 이란계의 일족인 소그드인들이 주축이 된 이른바 소무구성(昭武九性)을 가리키는 하나의 범칭이다. 7~10세기 소그디아나는 오아시스로를 통한 동서무역의 중계지였으며, 소그드어는 당시 국

제무역어로 통용되었다.

소그드인은 중앙아시아의 이란계 일족으로 사마르칸트를 중심으로 한 제라프샨강 유역의 소그디아나(Soghdiana, 옛 이름 'Seghuda'의 그리스어 발음)에 거주하면서, 일찍부터 동서교역에 종사하여 상술에 능한 사람들로 알려져 왔다. 『후한서(後漢書)』 「서역전(西域傳)」에는 그들을 '상호(商胡)'라고 지칭하면서 내한(來漢) 사실을 전하고 있다. 한적(漢籍)에 의하면, 그들은 소무(昭武, Shāushu)를 왕성(王姓)으로 한 여러 왕을 섬겨왔기 때문에 6성(姓) 혹은 9성 소무라고 하였다. 비옥한 오아시스 지대의 교통요로에서 활동한 소그드인들은 역사적으로 주변 국가들의 치하에서 각기 다른 문화를 체험하면서 동서교역에 종사하였다. 그들은 중앙 유라시아 초원에 살고 있던 돌궐과 위구르 지배층과 손잡고 동쪽으로는 중국, 서쪽으로는 비잔틴제국과 사산조 페르시아를 연결하는 실크로드 무역을 장악하였다.

소그드는 고대에는 아케메네스조 페르시아의 한 속주(屬州)로 있다가 알렉산드로스 동정군에게 정복되었다. 헬레니즘 시대에는 동남방에 있는 박트리아(Bactria, 대하大夏, 기원전 255~139)의 영역에 편입되었으며, 이어 대월지(大月氏)와 쿠샨(Kushan, 귀상貴霜, 기원후 40~240)과 사산조 페르시아(Sāsān, 226~651)의 지배를 차례로 받았다. 5세기에는 유목민인 에프탈에게 강점되었다가 6세기에는 돌궐에게 복속되었다. 8세기부터는 이슬람 문화의 세례를 받아 이슬람화되면서 연이어 사만조(875~999)와 카라한조(840~1212)의 지배를 받아오다가 칭기즈칸의 서정(西征)으로 인해 거의 황폐화되었으나, 1370년에 티무르가 사마르칸트를 수도로 제국을 건립하면서 다시 번영하기 시작하였다.

소그드인들은 이러한 기구한 역사 속에서도 실크로드를 따라 교역활동을 지속하여 동서 문명교류에 상당한 기여를 하였다. 특히 그들은 중국과의 교역을 활발하게 벌였다. 5호 16국의 분란시기에도 중국 변방뿐만 아니라 내지에까지 진출하여 교역을 계속하였는데, 이를 반영하듯 439년 북위(北魏)가 북량(北涼)을 멸할 때 교역차 북량에 왕래하거나 상주한 소그드인들이 다수 포로가 된 바 있다.

사마르칸트(소그디아나) 출신의 당나라 절도사인 안녹산(安祿山)이 755년 난을 일으킬 때 수도 장안에는 40년 이상 거주해온 호객(胡客, 소그드인을 비롯한 중앙아시아 도래인)이 4000명에 달했다고 한다.

소그드인들의 동방교역에서 특징적인 것은 중앙아시아로부터 중국 경내에 이르기까지 여러 곳에 식민거점을 건설하여 교역에 활용한 점이다. 소그드 상인들은 원격지(遠隔地) 무역을 원활하게 하기 위해 실크로드 연변은 물론, 내지 깊숙한 곳에까지 상업뿐만 아니라, 농업이나 수공업 등 다양한 직종의 취락을 이루어 집단적으로 거주하였다. 이렇듯 그들은 곳곳에 교역이나 교통을 위한 이러한 활동거점으로서의 네트워크를 확보해 국제무역을 전개하였다.

중국 경내뿐만 아니라 몽골고원이나 돌궐·위구르 등 외지에도 동류의 식민거점을 보유하고 있었다. 그들은 페르시아를 비롯한 서아시아 일원에서 유리기구·모직품·보석세공품·향로·약재·악기 등을 수입해 대상(隊商)으로 파미르고원을 넘어 당의 수도 장안으로 들여왔다. 또한 역으로 견직물을 비롯한 당의 특산품을 서역에 전하기도 하였다. 그들의 이러한 중계교역을 통해 여러 가지 동서 문물이 교역되었다. 이러한 적극적인 교역활동으로 인하여 소그디아나는 10세기의 아랍 지리학자 알 무깟다쉬(al-Muqaddash)가 묘사한 것처럼 '신이 창조한 세계 가운데서 가장 아름다운 곳'으로서 번영을 누렸다.

이러한 소그드인들의 국제무역 네트워크는 중국을 넘어 한반도에까지 뻗었다는 것이 최근 몇 가지 연구에 의해 증명되고 있다. 2018년 6월 1일 카자흐스탄의 알마티에서 열린 '초원실크로드와 북방협력 국제포럼'에서 우즈베키스탄의 전(前) 고고학연구소장 아나르바예브 압둘하미드존 박사는 「아랍 침공에 따른 소그드·투르크 귀족의 동방 이주사」란 발표문에서 경주 원성왕릉(괘릉, 掛陵)과 흥덕왕릉(興德王陵)의 무인석상에 관한 탁견을 내놓았다. 그는 6년 전 경주에서 열린 '실크로드를 통한 신라와 세계의 만남' 제하의 국제학술회의에서 「실크로드상에 있어서 사마르칸트의 소그드와 페르가나」란 논문을 발표했는데, 이 글에서 "소그드인들은 중국, 한국 그리고 일본에 불교를 전파함에 있어서 큰 역할을 하였다"라고 하면서, 중세 초 소그드의 국제적 교류가 활발할 때 "한국(신라)과 일본에 소그드인들의 거주지가 생긴 것 같다"라는 가설을 제기하였다. 이 학술회의 행사의 일환으로 참석자들의 괘릉 방문이 있었다. 현장에서 너무나 익숙한 무인상을 목격한 박사는 대뜸 알아보고 소그드인상이라고 못박았다. 그때까지만 해도 필자를 포함해 한국 학계에서는 그저 막연하게 '심목고비(深目高鼻)'의 서역인상(西域人像)'쯤으로밖에 낙점할 수가 없었다. 박사는 돌아가서 더 구체적으로 연구하겠다고 하였다. 우리는 흥덕왕릉에 관한 사료도 챙겨 드렸다.

압둘하미드존 박사는 약속대로 연구를 심화시켜 '초원실크로드와 북방협력 국제포럼'에서 8세기 아랍인들이 침입했을 때 소그드의 무역상들은 "중국과 신라의 대부분 도시들에서 상업활동을 하였다"고 하면서 이때 사마르칸트인들과 부하라인들 중 "대다수 부유한 귀족의 가족들은 중국과 신라의 도시들로 이주하기 시작하였다. 중국과 신라는 그들을 받아들이고 정착하도록 지원했으며, 관직의 문호도 개방하였다"라고 맺음말에서 결론을 내렸다.

소그드인들의 국제무역 네트워크가 우리 한국 땅에 미쳤다는 확실한 물적 증거로 블라디보스토크 북방 280km에 떨어진 발해 고성 노보고르데예프카(Novogordeyevka)에서 발견된 소그드 은화(銀貨)가 있다. 1960년대부터 이 고성 일대를 발굴해오다가 성터 바깥의 한 취락에서 발견해 현재는 극동대학교 박물관에 소장되어 있다. 왕관이 부조된 은화의 앞면 좌우에는 "알 마흐디"(아랍어)와 "부하라의 군주 차르"(소그드어)라는 글이 새겨져 있다. 이 은화를 연구해온 샤프쿠노프(E. V. Shavkunov) 박사는 이 은화가 사마르칸트(소그드)에서 8세기에 주조된 것이며 발해의 특산물인 담비 가죽과의 교역수단으로 이용되었을 것이라고 추측했다. 이러한 추단과 더불어 중간 지점인 러시아의 치타(Chita)에서 말 등자(鐙子) 같은 고구려 유물과 동서 문물이 동시에 발견된 점 등을 감안해 샤프쿠노프 박사는 사마르칸트-치타-발해 상경(上京)-연해주로 이어지는 이른바 '제2 동아시아 교역로', 즉 '담비의 길' 가설을 주장하였다.

그밖에 온씨(溫氏)는 오로지 소그드에만 있다는 등 이유를 들어 『삼국사기』 「온달전(溫達傳)」의 '바보 장군' 온달과 『삼국유사』 「진덕왕본기(眞德王本紀)」에 나오는 신라 김춘추(金春秋)의 호위 무사 온군해(溫君解)는 소그드 출신 인물이라는 견해가 한국학계에서 조심스레 나오고 있다.

고대부터 12세기까지 중앙아시아 소그디아나 지방에서 소그드인들이 사용하던 소그드어는 이란어의 일종으로 성쇠의 수난 과정을 거쳤다. 상술에 능한 소그드 상인들이 동서교역을 활발하게 벌이던 8~9세기에는 내륙 아시아의 국제무역어로 널리 사용되었다. 특히 소그드인들이 중국 신장 일원에 이주해 중용되면서 위구르 사회에서 소그드어가 보급되었다. 814년 당시 몽골 수도였던 카라코룸 부근에 세워진 구성회골가한비(九姓回鶻可汗碑, 하라 발가슨비)는 투르크 문자와 함께 소그드 문자 및 한자로 쓰여졌다. 그러나 후일 투르크인과 몽골인들의 계속된 침입으로 인해 소그드어는 사어(死語)가 되고 말았다.

이러한 수난 속에서 전통 소그드어는 소그드인들이 피난해 정착한 야그노브 지방에만 남아 있을 뿐이다. 오늘날 그 잔존 언어를 신(新)소그드어라고 하는데, 그것만으로는 소그드어의 원형을 제대로 알 수 없다. 그런데 다행히 19세기 말 이래로 중국의 간쑤(甘肅)와 동투르키스탄, 소그디아나 지방에서 소그드 문서·경전·비문·화폐 등이 발견되면서 그 실태가 점차 밝혀지고 있다.

4. 알타이 문화대와 한반도

한반도는 선사시대부터 북방 초원지대와 역사 문화적 유대관계를 유지해오고 있다. 한반도는 신석기시대 4대 문화대의 하나인 즐문(櫛文)토기 문화대에 속해 있는데, 이 문화대의 분포지는 시베리아를 중심으로 한 북위 55도 이북의 초원지대로 핀란드→시베리아→바이칼호→한반도→일본을 이어주고 있다. 한반도에서 그 유물은 서울 암사동(岩沙洞)을 비롯한 60여 곳에서 출토되며, 신석기시대(기원전 3000~1000) 토기의 주류를 이룬다.

역사시대에 들어와 한반도는 북방 초원지대와 여러 면에서 상생관계를 맺어왔다. 지리생태적 관계를 보면, 지금으로부터 약 1만 년 전 해빙기에 바이칼호가 범람해 홍수가 일어났다. 그러자 주

변에 살던 한민족의 조상으로 추측되는 구석기인이자 순록유목민인 코리족(Khorl, Qori, Kholrl)이 홍수를 피해 순록의 먹이인 이끼의 길을 따라 몽골 초원과 대흥안령을 넘어 만주 지역으로 남하한다. 여기서 목축과 농업이 결합해 고조선, 부여, 고구려, 발해 등 제국의 생태적 및 경제적 토대가 이루어진다. 그 후 더 남하해 한반도에 이르러서는 농업구조로 전환하면서 한반도 고대 국가들의 밑거름이 되었다.

이러한 지리생태적 유대관계와 상생관계 속에서 초원로를 통해 한반도와 북방 초원지대 간에는 알타이 문화대란 튼튼한 문화적 유대관계가 형성되었다. 알타이 일원을 중심으로 동서의 광활한 지역에 형성된 알타이 문화대(권)는 역내에 많은 지역과 나라, 민족을 아우르고 있다. 그 동단에 자리한 한반도와 한(韓)민족은 문화대 구성원들과 밀접한 문화유대를 유지하는 과정에서 필요한 자양분을 흡수해 고유한 전통문화를 가꾸고 살찌워왔다. 이러한 문화유대는 알타이 문화로 대표되는 북방 초원의 유목민족문화와의 친연성이나 상관성에서 뚜렷이 나타나고 있다. 친연성이란 혈통이나 언어 같은 선천적·원초적 인연을 말하며, 상관성이란 신화나 종교, 관습이나 생활상 같은 후천적·인위적 연관을 말한다.

우선 친연성면에서 혈통을 살펴보면 알타이족에 속하는 민족들과의 친연성이 확인되고 있다. 혈액 속의 감마항체를 만드는 유전자를 조사하는 방법으로 혈통을 연구해온 한 일본 학자는 몽골로이드는 다른 인종과는 달리 ab3st라는 감마유전자를 갖고 있으며, 이 유전자는 바이칼을 중심으로 사방에 확산되었는데, 그 비율이 몽골과 만주, 한국, 부리야트 등 동시베리아인에게는 높을 뿐만 아니라 서로가 아주 가깝다는 것을 발견했다. 또한 미국 에모리대학교 연구소의 세계 종족별 DNA 분석 자료에 의하면, 바이칼 주변의 부리야트인과 야쿠트인, 아메리카 인디언, 그리고 한국인의 DNA가 거의 같다고 한다.

차제에 알타이 문화대의 중추적 역할을 해온 몽골인과 한국인 간의 친연관계를 밝혀보고자 한다. 역사적으로 두 인종은 세계 3대 인종군(人種群)과 3대 어족(語族) 가운데서 같은 인종과 같은 어족에 속해 있다. 따라서 감마유전자 ab3st와 DNA 같은 근원적인 체질인류학적 친연 요인을 공유하고 있다. 그러나 기원전 6000년 경 몽골 초원에서 흥기한 훈육(葷粥)을 비롯한 여러 종족이 이합집산을 거듭하다가 중국 전국시대(기원전 476~221)에 이르러 국가권력을 갖춘 흉노(匈奴)와 부족연맹체인 동호(東胡)로 분열되었다. 그 결과 지금의 몽골인은 흉노계로, 한국인은 동호계로 각각 정착하게 되었다. 비록 이렇게 나눠졌지만, 한국인과 몽골인의 조상은 하나(공동)인 것이다. 바로 이 때문에 오늘날까지도 두 민족은 황색 피부와 직모, 적은 체모, 중간 신장, 아반(兒班, 몽고반점) 등 체질인류학직 공통성을 지니고 있는 것이다.

언어에서도 친연성이 논의되고 있다. 언어는 민족 구성의 중요

한 요인 중 하나이기 때문에 민족이나 그 문화의 원류를 구명하기 위해서는 조어(祖語)나 어족(語族) 계통을 따져보게 마련이다. 지금까지의 연구에 의하면 여러 가지 이설(異說)은 있지만, 대체로 18세기 중반부터 제기된 알타이어족설에 의해 한국어는 투르크어와 몽골어, 만주-퉁구스어와의 친연성이 인정되어 알타이어족에 속한다는 것이 통설로 되어왔다.

다음으로 몇 가지 상관성만 살펴봐도 알타이 문화대의 진상이 밝혀진다. 신앙생활에서 바이칼 주변에 거주하는 인종들의 정신적 근간은 친환경주의 사상의 결정체인 샤머니즘인데, 주문(呪文)이나 무구(巫具)로 보아 한국 무속의 원류는 이 시베리아 샤머니즘임이 분명하다. 바이칼호 한가운데 있는 알혼섬의 불칸산(不咸山)은 샤머니즘의 발상지로 한국 무속인들의 성지순례지로 여겨지고 있다.

또한 알타이 문화대 구성원 모두는 천손강림(天孫降臨)이나 난생(卵生)신화 같은 시조창조설을 공유하고 있다. 알타이 남서쪽에 살고 있는 카자흐족에게는 나무 밑에서 잉태를 위해 기도하는 한 여인의 간절한 소원을 헤아린 하늘이 새를 보내 나무 위에 앉게 하니 곧 잉태되어 아기를 낳았고, 그 아기가 커서 위인이 되었다는 내용의 신화가 전해오고 있다. 한국인에게도 이와 유사한 신화가 있다. 고조선의 단군과 부여의 해모수는 천손신화의 주인공이고, 신라의 박혁거세와 김알지는 천손신화와 난생신화의 혼합 인물이다. 그러다 보니 알타이 문화권에서 태어난 위인들은 아이러니하게도 거의 대부분 생모(生母)는 있어도 생부(生父)는 없다.

새를 매개로 하늘을 받드는 신조(神鳥)사상은 한국을 비롯한 알타이 문화권 공유의 현상이다. 신라 천마총 금관에서 발견된 금제 새 날개는 신조사상과 관련된 일종의 신앙에서 비롯된 장식이다. 알타이 부근의 우코크(Ukok) 고분에서 미라로 발견된 '얼음 공주'의 머리에 사뿐히 내려앉은 새는 오늘날까지도 우리의 솟대(Totem Pole) 위에 앉아 있는 새를 연상케 한다. 서봉총 금관의 네모난 굴레모자에 있는 세 마리 새나, 고구려 고분 벽화에 등장하는 태양 속의 세 발 달린 까마귀, 즉 삼족오(三足烏)도 틀림없이 이러한 신조사상에서 나온 것이다. 이렇게 인간들이 절대자를 향한 소원을 빌 때 새가 땅과 하늘을 연결하는 매개자 역할을 한다고 믿는 신조사상은 한국과 일본을 포함해 알타이 문화대 내에 존재하는 보편적인 영혼관이다.

신조사상과 더불어 나무를 받드는 신수(神樹)사상도 같은 맥락에서 설명된다. 신라의 금관에서 외관 구조의 골간인 '山(산)' 자 형태는 나무를 도안한 것이며, 내관의 속내는 자작나무 껍질로 만들었는데, 이러한 모자가 알타이 지역 분묘에서도 발견된다. 이것은 나무, 특히 자작나무가 땅과 하늘, 인간과 신을 연결해주는 통로, 즉 우주수(宇宙樹, Cosmic Tree)라고 믿어왔기 때문이다.

특수한 묘제인 적석목곽분(積石木槨墳, 돌무지덧널무덤)에서도 그 상관성이 뚜렷이 나타나고 있다. 신라 금관이 출토된 무덤들은 예외 없이 4세기에 나타나서 5세기에 대형화되다가 6세기 전반까지 존재한 적석목곽분이다. 이것은 지하에 무덤구덩이를 파고 나무덧널을 넣은 뒤 그 주위와 위를 돌로 덮은 다음 다시 그 바깥을 봉토로 씌우는 무덤 형태다. 이러한 무덤은 청동기시대의 고인돌 돌무지 전통을 이은 것으로 볼 수도 있으나, 당시 북방과의 관계를 감안할 때 북방문화의 유입과 더불어 전형적인 스키타이-알타이식 고총(高塚, 쿠르간)의 영향을 받았을 가능성이 크다고 사료된다.

신라 황금문화의 백미라고 하는 금관의 외관 형태나 장식에서도 그런 상관성이 엿보인다. 외관 형태는 '山' 자('出(출)' 자라고도 함) 3~4개를 아래로 붙여놓고, 그 좌우에 사슴뿔 모양의 장식가지를 세우며, 거기에 곡옥(曲玉)이나 영락(瓔珞, 달개장식), 새의 날개(천마총 출토) 같은 장식이 달려 있다. '山' 자 형태는 신수사상에서 나온 나무 도안이며, 새 날개는 새가 땅과 하늘을 연결하는 매개자 역할을 한다는 신조사상에서 유래한 것이다. 신수건, 신조건 간에 모두가 북방 유목민 사상인 것이다.

몽골 알타이산맥의 장관.

몽골 알타이

Mongol Altai

01 몽골 서부 호이트 쳉헤르 동굴 벽화 안내 팻말. 서몽골 홉드 지역의 해발 200m의 돌산 중턱에 자리한 이 이중 동굴(동굴 속에 동굴이 있는)은 1950년대 한 목동에 의해 발견됨

02 동굴 천장에는 채색이 선명한 사슴이나 염소, 뱀 같은 동물 형상이 보임. 아직 고고학적 연구가 제대로 되지 않아 정확한 생성 연대는 알 수 없으나, 구석기시대까지 거슬러 올라가는 동굴이라는 일설이 있음

03 동굴 입구

04 동굴 입구에서 현지 안내원과 필자

05 귀로에 다량의 암각화가 있는 3곳 발견

06 암각화
①양
②사슴
③사냥 모습

07   흡드 교외의 적석 쿠르간

08   흡드 부근 오보와 소형 적석 쿠르간

09   흡드 시외의 소형 적석 쿠르간과 입석

10   흡드에서 바얀올기로 가는 길 우측의 소형 적석 쿠르간

11 바얀울기 박물관 전시품

12 바얀울기 박물관 앞에 서 있는 선돌

13 몽골 국경에서 러시아 알타이 지역을 향해 20km 떨어진 곳에 있는 자간누르호(湖).
몽골 서정군을 비롯한 유목인들이 알타이산맥을 넘나들 때 수원(水源) 역할을 한 호수

14 몽골-러시아 간의 완충지대(국경), 비포장도로

노인 울라로 가는 몽골 초원 길에서 발견한 적석 쿠르간

노인 울라

Noin-Ula

<table>
<tr><td>01</td><td></td><td>05</td></tr>
<tr><td></td><td></td><td>06</td></tr>
<tr><td>02</td><td>03</td><td>04</td></tr>
</table>

01 나무숲 속에서 고분 유적 탐색(흉노의 쿠르간)

02 발굴된 쿠르간 자리에 세워진 표지석(2003년)

03 발굴 시 출토된 돌

04 쿠르간 주위의 외주 호석(護石)

05 한창 발굴 중인 쿠르간

06 쿠르간 자리

07 복원된 쿠르간

08 목곽에서 나온 부식된 자작나무 껍데기. 목
곽분임을 입증

09 흉노인 상(부조의 모사도)

10 고분군 6호분에서 출토된 카펫. 호(胡, 흉
노)·한(漢) 융합 문화유적

11 25호분에서 출토된 한나라 거울 조각

12 6호분에서 출토된 겉옷

13 6호분에서 출토된 겉옷 유품. 한복(韓服)과 같은 카
프탄형 복식

14 몽골 국립박물관 외관(울란바토르)

15 고분에서 출토된 일괄 유물

16 박물관에 소장된 할흐골(현 알라트) 초원의 고구려왕
(군장) 석인상

17 석주(石柱, 돌기둥)

18 사슴돌

19 초이발산 지도

20 흉노제국 지도

21 박물관에 전시된 청동기시대의 유물 분포도

22 동물의장의 장식품

23 황금 봉수병

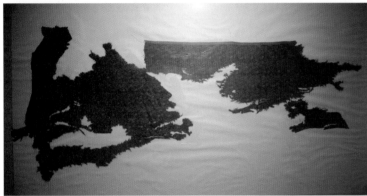

24 노인 울라에서 출토된 면직물 유품

25 고분에서 출토된 각종 담배통. 담배는 17세기
중엽에 조선으로부터 유입

26 몽골 남녀 복식

주요 쿠르간 및 유적

노인 울라 고분군

Noin-Ula Burials

필자 일행이 2007년 7월 노인 울라 고분군을 찾아가는 길에 폭우를 만나 차가 진창에 빠져 목적지를 지척(2km)에 두고 되돌아섬. 2011년 8월 재차 탐사에 성공함

몽골어로 '왕후(王侯)의 산'이란 뜻의 노인 울라는 몽골 수도 울란바토르 북방 약 100km의 산간 계곡에 위치하고 있다. 1912년 여름 몽골 금공업협회 기사 바로드가 광맥 탐사에 나섰다가 우연히 이곳에서 도굴당한 고분 1기를 발견하였다. 바로드는 그 속에서 호박으로 장식한 옥과 청동기 제품 등을 다수 수습해 이르쿠츠크 박물관에 보냈다. 1924년 울란바토르에 체류 중이던 코즐로프(K. Kozlov, 1863~1935)를 단장으로 한 소련의 몽골·티베트 탐험대는 노인 울라 고분의 발견 소식을 듣고 곧바로 예비 탐사차 부대장 콘도라초프를 현지에 파견해, 약 1개월간의 예비 탐사 끝에 그해 3월 24일 이 고분군 유적을 발견하는 성과를 올렸다. 3개의 계곡 경사면에 산재한 총 212기의 고분 중 남러시아나 남시베리아에서 주로 볼 수 있는 대형 쿠르간 12기를 선정해 발굴 작업에 착수했고, 이어 1927년과 1945년에 소련과 몽골 학자들에 의해 발굴 작업이 속행되었다. 비록 외형은 쿠르간이지만, 내부는 전형적인 목실분(木室墳)이다. 이러한 고분은 중국의 전국시대부터 한대에 이르기까지 유행하였으며, 한반도의 낙랑(樂浪) 유적에서도 발견된 분형이다.

출토된 유물로 미루어 노인 울라 고분군의 피장자(被葬者)는 흉노의 왕후 귀족들로 추정되며, 조성 시기는 기원전 1세기부터 기원후 1세기까지의 흉노 중흥기에 해당한다. 토기·목기·철기·청동기 등 각종 용기와 옥기·장식용 옥제품·금은 세공품·거울 등의 장신구, 긴 소매의 상의와 모자·배식(背飾)·모전(毛氈)·묘실 벽 장식용 직물·자수품 등 각종 직물과 의상, 재갈·마면(馬面)·안장 등 마구, 기타 목제 및 청동제 공이류·발화기(發火器)·철촉(鐵鏃) 등 다종다양한 부장품들이 출토되었는데, 이는 당시 동서교류상을 잘 반영하는 것이다. 중국(한대)의 유물이 압도적으로 많으며, 묘실벽 장식용 직물이나 관 깔개 및 자수품 등에는 그리스와 페르시아를 비롯한 서아시아 고유의 나무 문양이나 동물투쟁 문양(예컨대 야크와 뿔난 사자 간의 투쟁 문양), 기하학 문양, 그리고 호피(虎皮) 문양을 비롯한 동물 문양이 확연히 나타난다. 또 한국의 전통 복식과 동형(同型)인 전개형(前開型, 카프탄kaftan) 복식 유물도 출토되어 그 상관성 여부가 주목된다. 노인 울라 고분군 유적은 유목 흉노문화와 농경 중국(한대)문화가 혼합된 이른바 '호한문화(胡漢文化)'의 대표적인 유적일 뿐만 아니라, 호한문화와 서역문화 간의 교류상을 뚜렷이 보여주는 유적이기도 하다.

평균고도 1250m의 대흥안령 초원

대흥안령

Greater Khingan Range

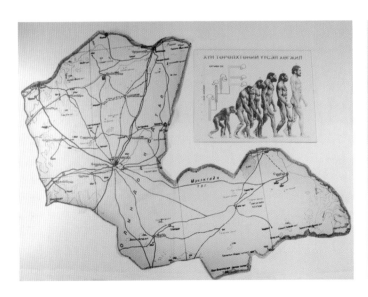

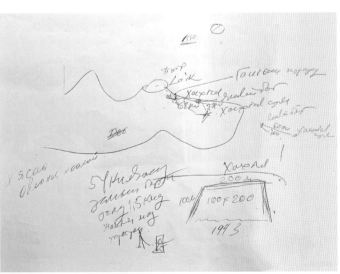

01 초이발산 전승박물관 외관

02 초이발산주 지도

03 초이발산 현지 안내원이 그린 안내도 초안

04 초이발산 사막의 오보

05 할흐골 마을 표지판

06 할흐골 마을 전경

07 할흐골 전승박물관 외관

08 할흐골 서남 7km 지점에 있는 고구려왕(군장) 석인상
(164×61×41cm), 완벽한 석인상으로 유명, 13세기에 건립

09 고구려왕 석인상에서 300m 떨어진 곳에 있는 동형의
머리 잘린 무명의 석인상

10 할흐골 초원에 있는 적석 쿠르간

11 고구려왕 석인상

12 몽골 국방부 동부 변방사령부 제2초소에서
발급한 여행허가증(2018.5.20.)

13 자고로 이 마을의 젖줄인 폭 20여 m의 할흐
골강

14 제2초소 전에 있는 대형 유전, 중국이 50년
간 수주, 이 유전에서 중국 변방까지 유일하게 아
스팔트 길 신설

15 할흐골 강변에서 이 마을 박물관장 수렌(이
지역 유지)과 담화하는 모습. 그는 그 옛날 이곳
에 고구려인들이 몽골인들과 결혼을 하는 등 함
께 살아왔다고 하면서, 그 증거 유적 3곳(고구려
왕 석인상, 고구려 성터, 조개 성황당)을 안내해줌,
일행은 수태차와 양고기를 대접받음

16 옛 고구려인들이 살던 마을 자리

17 고구려 성터로 추정되는 곳

18 평행선으로 뻗은 초원의 길

19 몽골의 극동부에서 몽골과 중국의 국경을
이루는 부이르호(湖). 이곳은 한민족의 조상인
고려(혹은 고구려)인들의 본향으로서 그 몇 가지
흔적이 남아 있다고 함

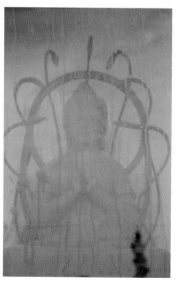

20	23
21	22		24

20 이곳 할흐골 일대에 고구려인들이 살았다는 증거의 하나라고 하는 부이르 호안의 조개 성황당

21 지천에 깔려 있는 조개

22 조개 성황당 속에 있는 녹색 타라(Green Tara)

23 중국 내몽골과 외몽골을 이어주는 변방길·변방도시 주언차다부(珠恩嘎達布)에서 부이르호(현 후룬호呼倫湖)에 이르는 길, 고구려와 서역 제국을 연결하던 초원로

24 염호(鹽湖, '광개토왕비문'의 염수鹽水로 추정)

25 26

27

25 남북 길이 1000km, 동서 너비 200~300km,
평균 고도 1250m의 지형에 식물 1000여 종과 동물
400여 종이 서식하는 '녹색 보고' 대흥안령 초원

26 옛 고구려 땅이던 고성유지(古城遺址)임을
알리는 표지판

27 고성유지에서 출토된 고구려 절구

광개토대왕릉인 태왕릉

고구려
Goguryeo

01 옛 부여의 수도였던 눙안(農安)시 중심에 세워진
라오타(遼塔)로, 동북에서 가장 북쪽에 있는 불탑. 높
이 47m의 8면 탑

02 구청(古城, 부여) 유지인 고성부 거리

03 구청 유지인 황룽푸(黃龍府, 현 황룽제黃龍街) 거리

04 지안(集安) 박물관 외관. 박물관 2층 제2
전시실에 전시된 황금유물로 ①유금대잡(鎏金
帶卡, Gilt Strap Clamp, 고구려 242 출토), ②유
금마식(鎏金馬飾, Gilt Harness Onament, 1078
출토), ③유금천마식(鎏金千馬飾, Gilt Tianna
Ornament, 100 출토), ④유금개궁모(鎏金盖弓帽,
Gilt Galgorgman, 301 출토)… 등 여러 점이 있음.
유금(鎏金)＝순금, 촬영이 금지되어 메모한 것임

05 고구려 마을이 있었다고 전해오는 쑹화강
(松花江) 둑길

06 광개토왕의 묘로 추정되는 적석분인 태왕릉
(太王陵). 장군총 4배 규모, 하단부 한 변의 길이
가 66m, 현존 높이 14.8m, 5세기에 축조

07 태왕릉 출입구

08 태왕릉에서 출토된 원형 금박편

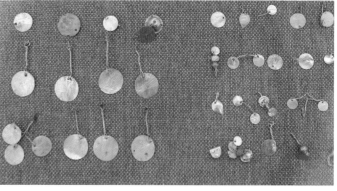

09 환도산성(丸都山城)

10 환도산성 기슭의 고분군

11 환도산성 성벽

12

⑬
14

12 광개토왕비(廣開土王碑), 투명한 유리관 속
에 보전

13 삼족오(三足烏)

14 태왕릉 입구

고구려 고분군과 태왕릉

Goguryeo Burials and Taewangreung

태왕릉 원경

고구려와 신라에서는 북방 초원지대의 보편적 묘제인 쿠르간을 방불케 하는 적석총(積石塚, 돌무지덧널무덤)과 봉토분(封土墳)이란 묘제가 유행하였다. 기원전 3~2세기경에 출현한 적석총은 돌로 쌓아 만든 무덤이고, 기원전 4세기부터 선을 보이기 시작한 봉토분은 흙으로 덮은 무덤이다. 이 두 무덤이 쿠르간을 '방불'케 한다는 것은 주로 외형상의 상사성(相似性)과 일부 반출 유물의 공유성 때문이다. 일반적으로 쿠르간은 지하에 시신을 매장한 뒤 외견상 봉토의 정상부가 보일 정도의 높이(1m 이상)와 면적(지름 3~4m 이상)의 규모로 흙을 쌓아올린 무덤을 말하는데, 고구려나 신라에는 이와 대비되는 고분이 적잖다.

고구려의 경우 5세기 초까지 수도였던 중국의 지안(集安) 일대에만도 수만 기의 고분이 산기슭이나 평야에 산재하였으며, 그중 일부는 오늘날까지도 남아 있다. 고분의 규모는 지형이나 매장 주체의 내용에 따라 태왕릉이나 장군총(將軍塚) 같은 대형 무덤이 있는가 하면, 앞서 말한 일반 쿠르간 규모에 미달되는 소형 무덤도 있다. 고분의 형식은 시기와 외형에 따라 크게는 적석총과 봉토분으로 나눠지지만, 축조 방식이나 재료에 따라 상당히 세분화되어 있다. 가령 적석총은 주로 기단의 유무를 기준으로 무기단 적석총과 기단식 적석총으로 나눠지는데, 기단식 적석총은 다시 외형상의 특징에 따라 단순 기단식과 계단식으로 구분되며, 또 계단식은 내부 매장 주체 시설의 차이에 준해 석곽묘(石槨墓, 돌덧널무덤)와 석실묘(石室墓, 돌방무덤)로 세분화한다. 이러한 분화는 적석총의 시기적인 변화를 반영함과 동시에 같은 시기에 있어서는 매장 주체 시설의 차이에 따른 무덤 양식의 차등을 보여주기도 한다.

여기에 덧붙여 고구려 고분의 또 다른 특색은 쿠르간 고분에서는 거의 찾아볼 수 없는 벽화무덤이라는 점이다. 요컨대 외형이나 내용물에서 비교적 단순하고 대동소이한 북방 유라시아 초원지대의 쿠르간에 비하면 고구려 고분은 진화를 걸쳐 다양화되었다는 것이 필자의 비견(鄙見)이다.

적석총이건 봉토분이건 간에 고구려 고분의 기원에 관해 여러 설이 있으나, 대체로 요동반도(遼東半島)에 분포되어 있는 고조선시대의 적석총에서 유래되었다는 것이 중론이다. 그렇다면 고조선시대의 적석총은 어떻게 생겨났을까? 자생한 것인지, 아니면 수용한 것인지에 관해서는 논급이 없다. 필자의 관찰에 의하면, 평지의 쿠르간은 보통 흙으로 쌓는 봉토식이지만, 우코크(Ukok) 쿠르간에서 보다시피 알타이와 같은 산간지대의 쿠르간은 봉토와 더불어 돌덧널이나 외벽돌로, 즉 적석과 봉토의 혼성(混成)이다. 이러한 쿠르간 고분의 혼성축조법과 고구려와 북방 유목민족 간의 문화적 영향관계 등을 감안할 때, 두 지역 고분 간의 상관성이 성립될 개연성은 있다고 본다. 바꿔 말하면, 고구려의 고분도 넓은 의미에서의 쿠르간 범주에 넣어 고려할 수 있을 것이라는 추론이다.

고구려 고분군의 대표적 무덤이라고 할 수 있는 태왕릉은 고구려 최성기 때의 대형 계단식 적석총으로서 4세기 말에서 5세기 초에 조영된 것으로 추정되며, 주인공은 광개토왕이라는 설이 우세하다. 현재 11단이 남아 있는 무덤의 정상부는 한 변이 24m 정도의 평면인데, 여기에 매장 주체부가 노출되어 있다. 매장 주체부는 돌로 쌓은 돌방(석실石室)과 돌방 안의 돌덧널(석곽石槨, 무덤을 덮는 돌 궤) 및 시신이 안치된 나무관이다. 그리고 분구의 정상부에는 왕릉을 상징하는 목조 건물이 있었다. 이와 같이 태왕릉은 돌과 나무를 섞어 지은 전형적인 혼성고분이다. 출토 유물을 보면, '태왕릉형 와당'이라고 하는 연화문 와당 외에 금이나 금동제 장식을 한 등자(鐙子)와 행엽(杏葉, 말을 장식하는 치레거리), 띠 연결고리, 청동기, 철기, 토기 등 1000여 점에 달하는데, 그 가운데서 북방 유목기마민족 문화와 상관되는 유물이 상당한 비중을 차지한다.

15 장군총(將軍塚)

16 발해 답사를 안내한 전 옌볜대학교 발해연구소장 정영진 교수와 필자

발해 상경성(上京城) 안터

발해

Balhae

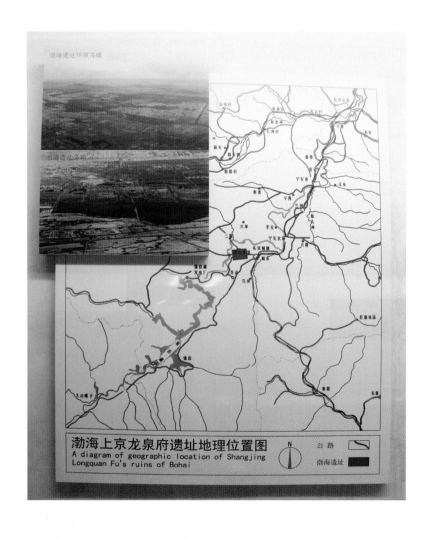

01 지린(吉林)시 박물관 외관

02 발해 상경 용천부 유적 위치도

03.04 발해 상경성(上京城)과 당대(唐代) 장안
성(長安城)의 기본설계 비교도

05 넓적 기와

06.07 발해 유적지의 현무암 주춧돌과 현무암
장식돌

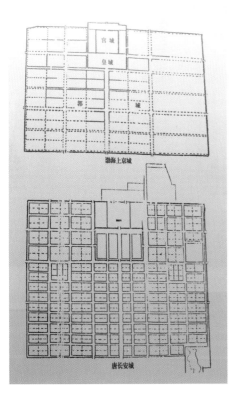

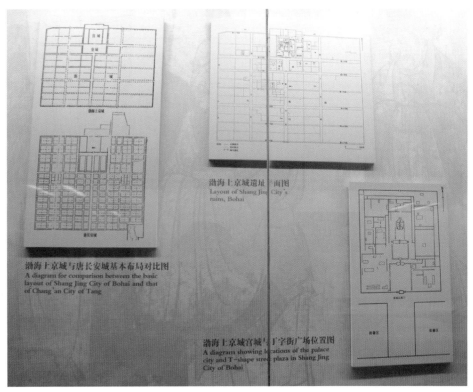

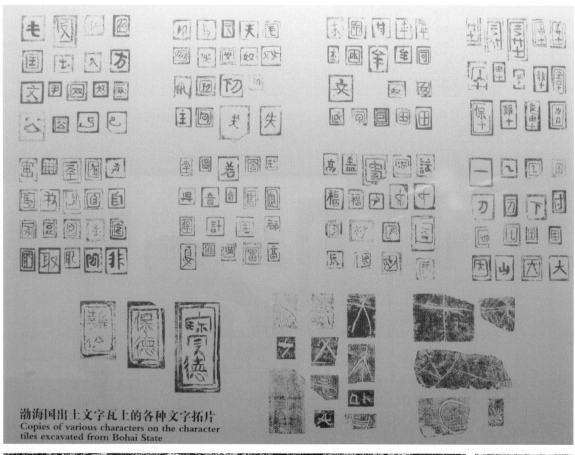

渤海国出土文字瓦上的各种文字拓片
Copies of various characters on the character tiles excavated from Bohai State

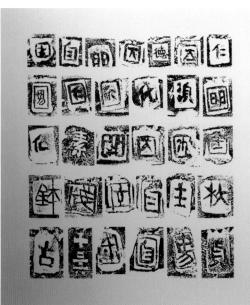

渤海文字瓦

　　渤海建筑址出土的瓦件上，很多有戳印的"文字"或"符号"，被称为"文字瓦"，大多数是汉字，亦可识读。如："钵"、"古"、"贞"、"仁"等。

渤海对外交通部分路线示意图

四通八达

　　渤海国在政治、经济、文化诸多领域同周边各民族一直保持密切的交往。文献记载有六条主要交通干线，即朝贡道、营州道、契丹道、日本道、新罗道、黑水道。吉林省境内的西古城、八连城、苏密城等都处于渤海交通要冲，是渤海国重要的京府县治所在地。四通八达的交通促进了唐文化向朝鲜半岛和日本列岛的传播。

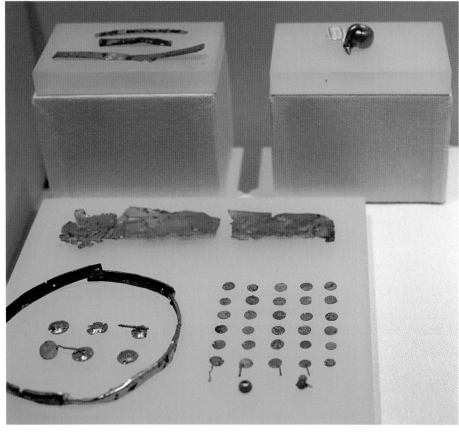

17 발해에서 출토된 각종 금박 장식품

18 금박 장식품

19 발해 황금 띠고리

20 황금 대접

21 발해 상경성 제50호 건축 터와 제3궁전 주변 초석 및 상경성 성곽 북문

22 장회태자묘(章懷太子墓) 벽화「객사도客使圖」 중의 발해인(혹은 말갈인) 모습

23 발해에서 출토된 각종 기와 조각

渤海上京城第50号建筑址
Ruins of No. 50 building site at Shang Jing, Bohai

第三宫殿殿阶基外侧周边础石
urrounding base stones outside the palace

渤海上京城郭城北门
The north gate of the outer city

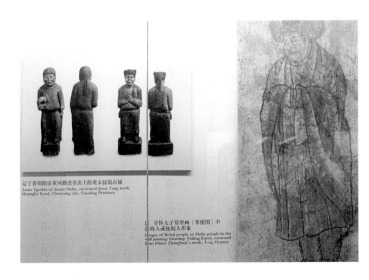

辽宁省朝阳市黄河路唐墓出土的粟末靺鞨石俑
Stone figurine of Sumo Mohe, excavated from Tang tomb,
Huanghe Road, Chaoyang city, Liaoning Province

章怀太子墓壁画《客使图》中
海人或靺鞨人形象
Images of Bohai people or Mohe people in the
wall painting: Drawing; Visiting Envoy, excavated
from Prince Zhanghuai's tomb, Tang Dynasty

宁安兴隆寺渤海石灯幢
Stone lamp column in Xinglong Temple,
Ning'an of Bohai State

渤海遗址出土的唐三彩熏炉
Incense censer of Tang Sancai Ceramics,
excavated for Hohai's ruins

遗址分期简表

第一期	第二期	第三期	第四期	第五期	第六期	第七期
距今12900—11100年之间	距今8000—7000年前后	距今6500—5500年前后	距今5500—5000年前后	年代相当于西周—春秋	年代相当于战国—西汉	辽代或稍早时期

陶器以夹炭的黄褐陶或灰褐陶为主，陶胎很厚（器壁厚度多在1—1.5厘米之间），火候很低，陶质松软，器表色浅不一，纹饰多系以戳压的成排排齿纹所构成的平行条带。由于陶片极碎，难以复杯，前能看出器形的标本甚少，从保存较大的陶片来看，有曲腹罐、筒形罐、鉢等。

以夹蚌的灰褐陶为主，质地较第一期陶器略硬，火候仍不够高，以泥阳密挑片为主，器表多见细密平行的窄条附件堆纹。此期遗存有灰坑，灰沟中仍傲见鱼骨、蚌壳，以及较多哺乳动物的骨骼，石器与第一期相似，以细石器制品为主，不见与农业生产相关的任何工具。

陶器以夹蚌的黄褐陶或灰褐陶为主，有少量质地细腻的泥质陶。陶胎普遍较第一期陶器变薄，器壁厚度多在0.4—0.8厘米之间，火候普遍较高，质地较好。器表纹饰以附加堆纹、指甲纹、刻划纹、戳印纹为主，有一定数量的深腹筒罐为主，带流器等。制法以泥圈套接法为主。从此期开始，灰坑、灰沟中出现大量哺乳动物骨骼。石器仍以细石器为主。有少量磨盘与磨棒，但仍然不见与农业直接相关的石铲、石锄、石刀等。

陶器以夹蚌红陶、红褐陶为主，器表多为素面，少量饰麻点纹、之字纹。器形有筒形罐、小口深腹鼓肩罐等。此期灰坑与灰沟中仍多见野牛、鹿科动物为主的哺乳动物骨骼。

仅发现3座墓葬和1座灰坑。

发现墓葬80余座，近30座为洞室墓，其余皆圆角长方形竖穴土坑墓，其中洞室墓是首次从汉书二期文化中辨识出来的墓葬形制。墓葬既有单人葬，又有多人合葬。半数以上的墓葬皆经早期扰乱，扰乱部位多在随葬品集中的躯部上位置。从保存较好的墓葬看，死者多系仰身直肢，头向西北。墓葬多有东南—东北成排分布的迹象。成人随葬陶器多为壶或盂盅、鉢组合，个别用鼎和罐，儿童随葬陶器多为鉢或小型的杯。

包括灰坑10个、灰沟3条。陶器主要有夹砂红褐陶和泥质灰褐陶两类，火候高，质地坚硬，器类饰锥点纹、弦纹等。器类见有壶、罐、盆等。

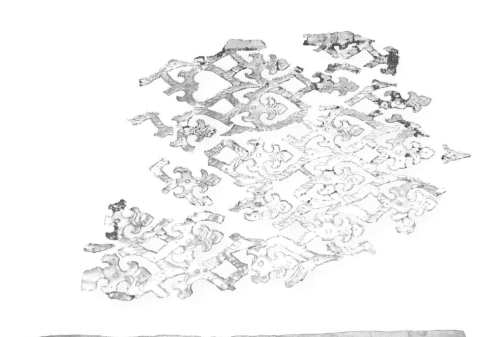

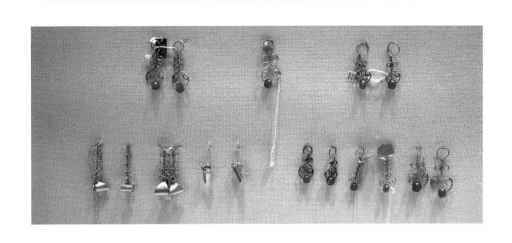

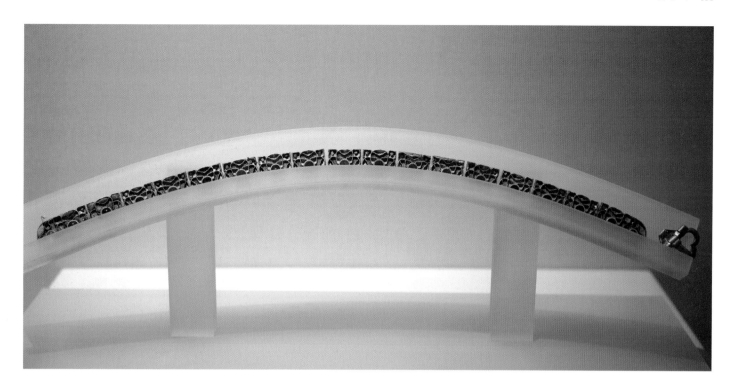

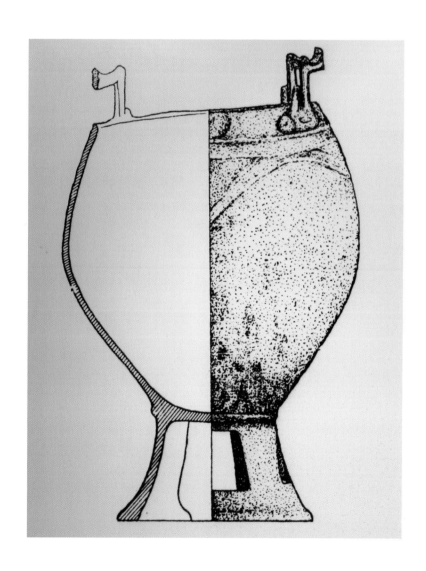

38 각종 검

39 동물이 새겨진 황금 띠고리

40 상감유물(미상)

41 인물상

42 황금 띠

43 부여의 구리가마

44	46
45	47

44 발해 첫 수도 둔화(敦化) 어귀에 세워진 '발해(渤海)' 표지석

45 둔화의 '발해문화공원' 기슭에 조영된, 아시아에서 가장 높은 곳에 자리한 불좌상

46 둔화를 서에서 동으로 관류하는 다스허(大石河)

47 발해 지도

48		51	52
		53	54
49			
50		55	

48 훈춘 팔련성(八連城) 유적지

49 훈춘 팔련성 발해 유적지 표지석

50 발해 팔련성에서 출토된 석불상(십자가를
목에 건 삼존불상 포함)

51 발해에서 출토된 24개 돌

52.53 기타 2개 지방에서 발견된 24개 돌

54 야오단즈(腰甸子)의 24개 돌 표지석

55 옛 발해의 땅 왕청(汪淸)으로 들어가는 문

56   징퍼호(鏡泊湖). 발해 상경에서 50km 떨어진 곳에 있는 세계 최대의 화산폭발 용암 언색호(堰塞湖)로 중국의 5대 호의 하나이며 5000~1만 년 전에 다섯 차례의 화산폭발로 인해 생겨났다. 면적은 90만 5000km^{3}이며 최대 수심은 62m. 이 호수에는 발해의 마지막 왕이 왕실의 보물인 황금 거울을 가지고 도망치다가 호수에 빠져 절명했다는 전설이 깃들어 있음

57   상경 궁성 터 표지석

| 58 | 59 |

58　발해 상경 궁성 터 입구

59　궁성 터

60		62	
61		63	64

60 궁성 터

61 돌계단에 새겨진 보상화(寶相花) 문양

62 돌계단

63 주춧돌

64 궁성의 첫 궁전 동랑(東廊) 터의 표지석

65 폐허가 된 궁성 터

66 넓은 성 터

67 복원된 궁성 내 정자

68 궁성 주춧돌 자리

69 궁성의 제2궁전 동랑 터의 표지석

70 궁성의 제4궁전 터의 표지석

71 가설된 궁성 내 답사 다리

	74
72	
73	

72 계관고성비(鷄冠古城碑)

73 계관고성비 비문 내용을 설명하는 정영진 교수

74 중국–러시아 경계선인 계관산

신라 경주 천마총 입구

신라

Shilla

경주 고분군과 천마총

Gyeongju Burials and Cheonmachong

경주 고분군이란 신라의 천년고도 경주시에 소재한 신라시대의 고분군을 말한다. 이 고분군은 피장자들의 혈연관계로 조성되었으며, 당초 묘지는 가족·씨족·종족 등 혈연집단의 공동묘지였다. 묘지는 경주 분지의 평야지대나 산록지대, 하천의 근거리 지대에 위치한다. 고분의 형태는 매장 시설의 형식에 따라 토광묘(土壙墓, 움무덤)·목관토광묘(木棺土壙墓, 움널무덤)·토광목곽묘(土壙木槨墓, 움덧널무덤)·적석목곽분(積石木槨墳, 돌무지덧널무덤)·석실분(石室墳, 돌방무덤)으로 구분된다.

이러한 여러 가지 형태 가운데 축조법이나 반출 유물로 볼 때 북방 초원지대의 쿠르간과 가장 유사한 것은 적석목곽분이라는 데 한국 고고학계의 의견이 모아지고 있다. 사실 알타이나 우랄, 노인 울라(몽골) 같은 산악지대나 산림지대의 쿠르간 대부분은 신라의 적석목곽분처럼 돌을 쌓아(적석) 분토(墳土)를 대신하고, 덧널은 대체로 나무로 만들어졌다. 그리고 적석목곽분은 넓은 내부 구조로 인해 껴묻거리(부장품)를 가장 많이 매장하고 있는 무덤으로서, 신라의 이런 고분에서 나온 껴묻거리로는 금관이나 금동관 같은 관모류(冠帽類)를 비롯해 귀걸이·목걸이·팔찌·가락지·금은동제의 허리띠·금동제 신발 등 장신구, 그리고 철제 도검·마구류·토기류·솥·낫·금속기기와 같은 대량의 다양한 유물이 있다.

분토 밑에 돌을 쌓고(적석), 지하에 토광을 파서 그 안에 덧널(목곽木槨)을 설치하고 목관에 시체를 넣어 매장하는 적석목곽분은 신라의 전기(前期)에만 축조된 독특한 형태의 무덤으로서, 3~6세기 기간에 성행하다가 석실분으로 대체된다. 이 무덤의 기원에 관해서는 금관과 함께 남(南)시베리아에서 유래되었다는 일설과 토광목곽묘의 덧널 요소와 고구려의 적석총 요소가 결합해 형성되었다는 타설이 있다.

경주 일원의 대표적 적석목곽분은 경주 분지의 중심부에 위치한 천마총(일명 황남동 98호분)으로서 분구의 지름은 47m이고, 높이는 12.7m나 되는 대형 고분이다. 분구의 자락에는 호석(護石)이 돌담 형식으로 둘러져 있다. 내부 구조는 크게 적석부와 목곽부의 두 부분으로 나뉘는데, 적석부의 바닥 직경은 23.6m이고, 높이는 6m로 적

석부 위의 봉토 두께와 같다. 목곽부는 무덤의 심장부로서 긴 변이 6.6m, 짧은 변이 4.2m, 높이가 2.1m의 크기다. 목곽 안에는 목관과 부장품 수장궤가 설치되어 있다. 천마총에서는 장신구류와 무기류, 마구류, 용기류, 기타 등 무려 총 1만 1526개의 부장품이 출토되었다. 천마총의 축조 연대는 6세기 초로, 피장자는 신라 22대 왕인 지증왕(智證王)으로 보는 것이 중론이다.

출토 유물 중에서 특기할 만한 사항은 금관과 천마(天馬)이다. 금관은 실용관이라기보다 매장용 등 의식용 관이고, 금모(金帽, 황금모자)는 일상의 실용관이다. 다음으로 천마도장니(天馬圖障泥, 장니는 말 탄 사람에게 흙이 튀지 않도록 하기 위해 안장 양쪽에 늘어뜨린 기구)에 그려진 비상하는 모습의 천마는 고구려 벽화의 무용총(舞踊塚) 수렵도의 천마도와 양식적인 면에서 유사한 것으로 그 상관성을 추정할 수 있다.

끝으로 부언할 것은 현장 탐사에 의해 고대 초원실크로드의 노선과 내용을 구명함에 있어서 고구려의 지안 고분군(태왕릉)이나 신라의 경주 고분군(천마총)을 논급하는 것은 그 유적·유물이 초원실크로드와 그 전개 배경인 초원의 유목기마문화와 직간접적인 상관성이 있기 때문이다. 비록 유구한 역사 과정에서 오늘날은 초원실크로드와 이탈(離脫)되어 있지만, 그 옛날(고대)에는 그 간선(幹線)은 아니더라도, 지선(支線, 갓길)으로서의 역할은 분명했던 것이다. 따라서 초원실크로드의 복원이라는 공통 인식 속에 고구려의 고분이나 신라의 고분을 쿠르간의 반열에 세워놓고 고찰한 것은 이소당연(理所當然)하다고 할 것이다.

쿠르간 전문연구자인 카자흐스탄 이식 박물관 무흐타로바(G.R. Mukhtarova) 관장은 2015년 10월 경주에서 열린 제9회 신라학 국제학술대회의 발표 논문 「카자흐스탄 분묘(쿠르간)의 위치」에서 쿠르간이 "호주를 제외하고 모든 대륙에서 찾아볼 수 있다"라고 쿠르간의 보편성을 전제하고 나서, "중국에서 첫 쿠르간들은 '최대의 초원'과 국경을 접한 북쪽 왕국에서 나타났다. 그러한 풍습이 동쪽으로 한국과 일본으로 전파되었다"라고 지적한다. 그러면서 경주의 천마총을 비롯한 고분들과 이식 고분 간의 여러 가지 유사점에 관한 한국 고고학계의 견해에 동의를 표하였다.

쿠르간 묘제가 한반도에까지 전파되었다고 주장하는 카자흐스탄 이식 박물관 무흐타로바 관장과 필자

01 경주 괘릉의 무인상

02 우즈베키스탄의 전 고고학연구소장 압둘하미드 존 박사는 이 무인석상이 무역차 신라에 온 중앙아시아 소그드인이라고 증언하고 있다. 상세한 내용은 본서의 '이끄는 글' 중 '소그드의 동진(동북아시아 구간)'을 참고

03	04		07
05	06		
	08	09	

03 각종 황금 드리개

04 천마총 적석목곽분(積石木槨墳) 내부

05 금관총 금관 장식

06 가야 금관 장식

07 천마총에서 출토된 여러 가지 황금 귀걸이

08 출토된 황금대접

09 계림로 단검 출토지

10 천마총 출토 금관

11 계림로 단검(일명 장식보검裝飾寶劍)

솔빈부의 옛 고구려 성터(노보고르데예프카)

솔빈부

Solbin-bu

솔빈부

01 러시아와 중국의 경계를 흐르는 수분하 원경

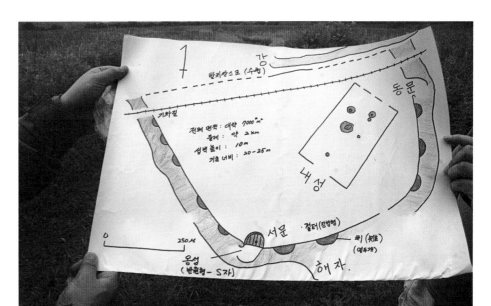

02	05
03	06
04	07

02 황소 뿔처럼 생겼다고 해서 이름이 붙여진
금각만(金角灣)(블라디보스토크)

03 스쩨클라누하 발해 성터

04 파르티잔스크에 있는 니콜라예프카 발해
성터

05 현지 가이드가 보여주는 니콜라예프카 성
터 약도

06 블라디보스토크 극동대학교 외관

07 극동대학교 박물관

ВЕРХНИЙ ПАЛЕОЛИТ
15000-9000 лет назад

08		10
09		11

08 1만 5000~9000년 전 구석기시대 극동에서 출토된 각종 석기

09 극동대학교 박물관에 전시된 스키타이 시대 남시베리아에서 유행했던 목제 동물의장 장식품

10 극동에서 출토된 신석기시대의 토기

11 발해(Po-hai, 중국어 음사)국(기원후 698~926)의 존재 확인

12 도자기 장식 파편

13 쇠고리, 쇠못 등

14 수막새 기와

15 금속기 조각 및 허리띠 장식품

16 철검, 검두, 쇠사슬 고리(4세기)

17 1115~1234년경의 일괄 출토 유물 등

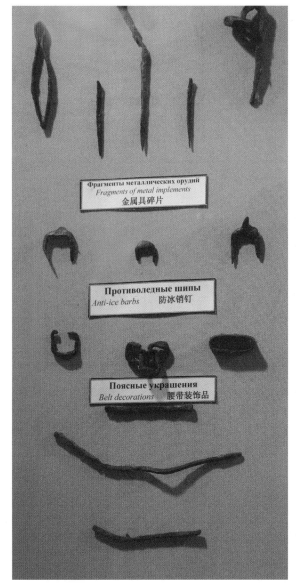

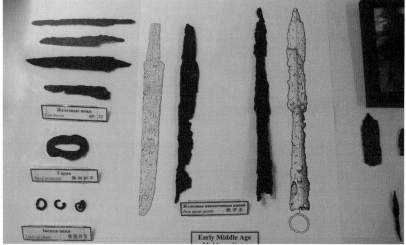

18 청동좌불상

19 각종 엽총

20 샤먼 복식

21 전통의상

22 한국(카레이스키) 복식

23 전통 복식과 물레

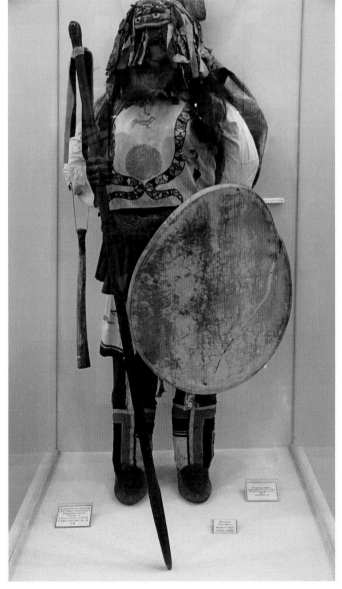

24	26
25	27

24 발해의 수막새와 대형 항아리

25 극동대학교 박물관의 알렉산드르 니콜라
예비치 관장과 대화하는 필자(2009.7.3.)

26 시베리아철도의 시발점 블라디보스토크
역, 9288km라고 쓰여 있는 거리 표지석

27 블라디보스토크–모스크바 간 시베리아철도
조형판

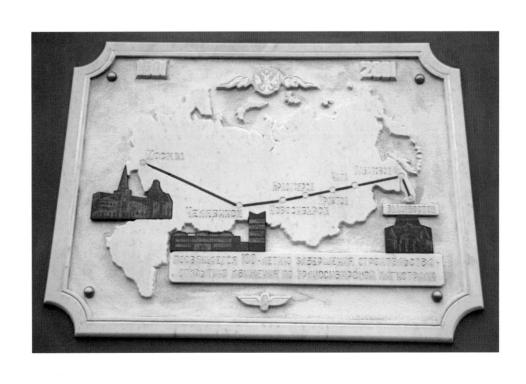

28 29	
30	32
31	33

28 발해 고성에서 출토된 8세기 중앙아시아
소그드의 은화 앞면. 앞면 좌우에는 '알 마흐디'
(아랍어)와 '부하라의 군주 차르'(소그드어)라는
글이 새겨져 있음

29 은화 뒷면

30 나무숲이 우거진 발해 고성 터

31 블라디보스토크 북방 280km 지점에 있는
발해 고성 노보고르데예프카로 가는 길

32 블라디보스토크–모스크바 간 시베리아철
도 구간명 표지판

33 수분하 기차역

맺는글

초원실크로드의 복원

유목문명의 대동맥으로서의 초원실크로드는 인류문명의 교류 통로인 실크로드 3대 간선 가운데 역사가 가장 오래된 길이다. 지금으로부터 2만 5000년~2만 년 전인 후기 구석기시대, 북방 유라시아 초원지대를 가로지른 바로 이 길 위에 인류문명 교류의 최초 유물로 알려진 비너스상(Statue of Venus)이 동서 간의 첫 교류 흔적을 남겨놓았다. 이것이 초원실크로드를 통한 동서문명 교류의 효시이다. 그때부터 초원실크로드는 문명교류의 통로 기능을 수행하기 시작하였으며, 이에 따라 노선을 비롯한 길 자체에 관한 연구와 더불어 이 길을 통한 교류와 역사 전개에 관한 연구가 주목을 끌었다.

그동안 길 자체에 관한 연구는 주로 비너스상과 채도, 청동기 같은 물질문명의 교류 동선(動線)이나, 스키타이와 흉노, 돌궐 같은 유목민족들의 민족적 이동로나, 몽골군의 서정 같은 전로(戰路)를

따라 조명하는 데 초점을 맞춰왔다. 물론 그 과정에서 초원실크로드의 실체가 어느 정도 밝혀지고, 노선의 윤곽도 드러났다. 그러나 시공간적으로 다양한 동선과 이동로, 전로를 고립적으로, 단절적으로, 그리고 현장이 아닌 책상머리에서 줄자를 대고 긋다보니, 각인각설(各人各說)로 정확한 그림을 그려낼 수가 없었다. 작금 유행하고 있는 '초원실크로드' 지도들은 거의 대부분이 확실한 증거나 현장 검증 없이 어림잡아 만들어낸 것이라 짐작된다. 초원실크로드가 유목문명의 대동맥으로 부상하고 있는 이 시점에서 이러한 상황을 더 이상 수수방관할 수만은 없다. 문제를 극복할 수 있는 길은 우선 근본으로 되돌아가 원초적 길을 복원하는 것이다.

필자는 이러한 인식에서 이 길의 원초적 개척자인 스키타이를 비롯한 초기 유목기마민족들의 활동에 관한 실증적 증거인 쿠르간

의 연결로에 착안해 초원실크로드의 복원을 꾀하였다. 쿠르간이야
말로 초원 유목민들의 가장 보편적인 묘제였을 뿐만 아니라 그 내
장물(內藏物)은 그들의 생활상과 활동상을 가장 신빙성 있게 증언
해주고 있으니, 쿠르간의 연결로가 바로 다름 아닌 초원실크로드
의 복원된 원래의 모습일 것이라는 확신에서 출발한 것이다. 실제
로 북방 유라시아 초원지대에 산재한 여러 가지 형태와 내용의 쿠
르간들을 현장 탐사하면서 우리의 착안과 확신이 빗나가지 않았음
을 실감하였다. 물론 쿠르간 말고도 다른 역사적 유적·유물이나 기
록에 근거해 이 길의 복원에 다가설 수도 있겠지만, 길의 개척자들
이 그 길 위에 직접 남겨놓은 유적·유물은 그 어느 유적·유물이나
기록보다도 증빙성(證憑性)이 높지 않을 수 없다.

　일찍이 북방 유라시아 초원지대에서 활동한 유목민족들이 각이

한 형태의 쿠르간을 묘제로 채택하고 운영하면서 쿠르간 문화를
꽃피웠지만, 따지고 보면 그 원류는 혈통적으로나 문화적으로 친연
관계에 있는 스키타이로 거슬러 올라간다. 아랄해 부근에서 흥기해
한때 남러시아 일원을 석권했던 사르마트와 스키타이는 언어를 공
유한 친족관계에 있으며, 흔히들 중앙아시아 유목민의 시조로 알고
있는 사카족은 스키타이의 그리스어 별칭(別稱)이다. 이와 더불어
현존 쿠르간의 실태가 보여주다시피, 스키타이는 명실공히 찬란한
황금문화와 동물의장을 비롯한 유목민족문화의 창시자로서 유목문
명의 전파와 교류, 그리고 그 교류 통로인 초원실크로드의 개척과
전개에 불멸의 업적을 남겨놓았다. 바로 이런 이유로 우리는 스키
타이의 쿠르간 추적에 초점을 맞춰 초원실크로드의 복원을 시도했
고, 마침내 미흡하지만 소기의 복원에 한걸음 다가설 수가 있었다.

따라서 우리의 초원실크로드의 복원 작업은 한마디로 스키타이를 비롯한 북방 유라시아 유목민족들이 조영(造營)한 고분 쿠르간들을 동서로 관통하는 한 선으로 엮어놓는 일이었다. 엮는 방법은 쿠르간의 거점지(據點地)들을 서로 연결하는 것이다. 쿠르간의 거점지란, 마치 부족사회의 집성촌(集姓村)처럼 쿠르간이 집중적으로 몰려 있는 곳을 말한다. 대체로 이러한 거점지는 유목문화의 개화지로서 교통의 요로(要路)에 자리하고 있다. 이러한 거점지 연결로는 지정학적(地政學的) 수요나 여건에 따라 단선일 수도 있고 복선일 수도 있지만, 일반적으로 단·복선 복합형이 많다. 이럴 경우 주로(主路, 대체로 북위 50~40도 사이)와 지로(支路, 갓길)로 구분된다. 예컨대 초원실크로드의 동단(東段)인 대흥안령에서 극동 시베리아에 이르는 길(거란도契丹道)을 주로라고 한다면, 그 영향하에 삼국시대 고구려나 신라로 뻗어간 길은 이 주로의 지로라고 설정할 수 있다. 초원실크로드의 주로로부터 숱하게 뻗어나간 크고 작은 지로를 통해 초원 유목문명이 교류되었다. 이렇게 초원실크로드의 복원에서 '주로와 지로'의 개념을 도입한 것은 실크로드 본연의 '간선과 지선'에 의한 망상(網狀, 그물망) 개념에도 부합된다.

이러한 인식을 바탕으로 현장 탐사한 쿠르간과 스키타이의 유적을 따라 북방 유라시아 초원실크로드 주로의 구체적 노정(서→동)을 다음과 같이 설정해본다.

(우크라이나) 야트라네 마을 농장과 부근의 26기 쿠르간 → 토브스타 모길라 쿠르간(황금 가슴장식과 금관 출토) → 체르톰리크 쿠르간(금관 출토) → 솔로하 쿠르간(황금 빗 출토) → (러시아) 심페로폴의 옛 스키타이 거주지 → 케르치(인근에 1200여 기)의 베시오바 소

재 13기 쿠르간, 알툰(황금) 쿠르간, 멜렉체스멘스키 쿠르간(시내), 각추형(角錐型) 짤스키 쿠르간(왕릉), 쿨오바 쿠르간 → 마이코프 인근의 약 1000기 쿠르간(그중 5기 탐사) → 볼고그라드의 마마이 쿠르간(대형 어머니 동상) → 볼샤야 이반노브카 마을 사르마트 쿠르간 80여 기 → 오렌부르크의 필립포브카 쿠르간, 보소카야 모길라 쿠르간, 빼지마르(Byazimar) 쿠르간 → 첼랴빈스크의 키치기노 쿠르간 → 쿠르간시의 쿠르간 2기 → (카자흐스탄) 콕세타우 고분군과 선사시대부터 존재한 스키타이 마을 → 호라즘의 위가라크 고분군 → 잠불 계곡의 제티토베(Jetytobe) 고분군 → 이식 사카 고분군 → 제티수(Jetysu, 세미레치예Semirechye, 칠하七河) 고분군 → (러시아 알타이) 파지리크 고분군(우코크 쿠르간) → (몽골 알타이) 바얀올기-홉드 지역 쿠르간 → 노인 울라 고분군(흉노 쿠르간) → 할흐골 고구

려 유적 → (몽골-중국 관문) 주언차다부(珠恩嘎達布) → 대흥안령 → 발해의 거란도 → 발해 상경(上京) 유적 → 수분하(綏汾河) → 발해 솔빈부(率賓府, 소그드 은화 발견지 노보고르데예프카, 발해 거란도契丹道)

이상은 한정된 지역에 대한 필자의 현장 탐사와 현지 연구자들의 증언, 그리고 빈약한 문헌기록과 필자의 천식(淺識)에 근거해 나름대로 북방 유라시아 초원실크로드의 노선을 추적하고 엮은 것이다. 미흡함은 보완하여 문자 그대로 이 길의 복원에 천착할 것이다.

SILK ROAD

부록

사진 출처

촬영　강상훈·정수일

———

출처

———

1. 바르나 고고학박물관

2. 키예프 자연사박물관

3. 우크라이나 역사박물관

4. 키예프 동굴 사원

5. 키로보그라드 박물관

6. 드네프로페트롭스크 국립역사박물관

7. 니코폴 박물관

8. 심페로폴 타브리디(Tavridy) 박물관

9. 얄타 역사문학박물관

10. 케르치 박물관

11. 마이코프 박물관

12. 볼고그라드 박물관

13. 사마라 알라비나(Alabina) 박물관

14. 오렌부르크 박물관

15. 첼랴빈스크 남우랄 국립박물관

16. 쿠르간시 남우랄 국립박물관

17. 토볼스크 역사건축박물관

18. 카자흐스탄 콕세타우(Kokchetau) 역사박물관

19. 아스타나 박물관

20. 탈라스 국립역사지역박물관

21. 카자흐스탄 국립역사박물관

22. 이식 박물관

23. 키르기스스탄 국립역사박물관

24. 고르노알타이스크 박물관

25. 신장(新疆) 박물관

26. 바얀올기 박물관

27. 몽골 국립박물관

28. 초이발산 전승박물관

29. 헤이룽장성(黑龍江省) 박물관

30. 지린시(吉林市) 박물관

31. 지안(集安) 박물관

32. 옌볜(延邊) 박물관

33. 블라디보스토크 극동대학교 박물관

참고문헌

사전

———

단국대학교 몽골연구소 편 『동북아유목문화대사전』, 단국대학교출판부 2017.

정수일 『실크로드 사전』, 창비 2013.

長澤和俊 編 『シルクロードを知る事典』, 東京堂出版 2002.

川端香男里 里他 監修 『[新版]ロシアを知る事典』, 平凡社 2004.

저서

———

강인욱 『유라시아 역사 기행』, 민음사 2015.

김호동 『아틀라스 중앙유라시아사』, 사계절 2016.

N. V. 플로스막 『알타이 초원의 기마인』, 강인욱 옮김, 주류성 2016.

라인하르트 쉬메켈 『인도유럽인, 세상을 바꾼 쿠르간 유목민』, 한국 게르만어 학회 김재명 외 5인 옮김, 푸른역사 2013.

르네 그루쎄 『유라시아 유목제국사』, 김호동·유원순·정재훈 옮김, 사계절 1998.

박시인 『알타이 문화기행』, 청노루 1995.

박원길 『몽골의 문화와 자연지리』, 민속원 1999.

박원길 『유라시아 초원제국의 역사와 민속』, 민속원 2001.

박원길 『유라시아 대륙에 피어났던 야망의 바람』, 민속원 2003.

방일권 『상트페테르부르크, 유럽을 향한 창』, 살림 2004.

V. I. Molodin 『고대 알타이 비밀』, 강인욱·이헌종 옮김, 학연문화사 2000.

NHK 취재반 『大草原을 가다: 소련(1)』, 이명성·김균 옮김, 서린문화사 1986.

E. V. 뻬레보드치꼬바 『스키타이 동물양식』, 정석배 옮김, 학연문화사 1999.

연변대학발해사연구실 편 『발해사 연구』 3집, 서울대학교출판부 1993

이하우 『잃어버린 신화 바위문화 이야기』, 민속원 2003.

임영애·주경미·강인욱·정재훈·김장구·조원 『유라시아로의 시간여행』, 사계절 2018.

장서우밍·가오팡잉 『세계 지리 오디세이』, 김태성 옮김, 일빛 2008.

저자 미상 『몽골 황금사』, 김장구 옮김, 동북아역사재단 2014.

정수일 『고대문명교류사』, 사계절 2001.

정수일 『실크로드학』, 창비 2001.

정수일 『초원실크로드를 가다』, 창비 2010.

조지 케넌 『시베리아 탐험기』, 정재겸 옮김, 우리역사연구재단 2011.

주채혁 『순록치기가 본 조선·고구려·몽골』, 혜안 2007.

카를 바이파코프 『카자흐스탄의 실크로드』, 최문정·이지은 옮김, 국립문화재연구소 미술문화재연구실 2017.

크리스토퍼 벡위드 『중앙유라시아 세계사』, 이강한·류형식 옮김, 소와당 2014.

헤로도토스 『헤로도토스 역사』, 박태원 옮김, 동서문화사 2016.

헤로도토스 『역사』, 박광순 옮김, 범우사 1987.

馬長壽 『北狄與匈奴』, 廣西師範大學出版社 2006.

斯文·赫定 『絲綢之路』, 江紅·李佩娟 譯, 新疆人民出版社 2010.

尹鉉哲 『渤海國交通運輸史硏究』, 華齡出版社 2006.

林幹 『匈奴通史』, 人民出版社 1986.

林梅村 『絲綢之路考古十五講』, 北京大學出版社 2006.

余太山 主編 『內陸歐亞古代史硏究』, 福建人民出版社 2005.

秦大樹·袁旔 主編 『2011古絲綢之路』, 八方文化創作室 2013.

黃斌 等 『渤海國史話』, 吉林人民出版社 1998.

加藤九祚 外, 『シルクロード』, 筑摩書房, 1983.

家永泰光 『草原文化の道』, 古今書院 1994.

島田正郎 『契丹國: 遊牧の民キタイの王朝』, 東方書店 1993.

山田信夫 『草原とオアシス』, 講談社 1985.

石黑寬 編譯 『もう一つのシルクロード, 草原民族の興亡と遺産』, 東海大學出版會 1981.

E. D. フイリップス 『世界古代史双書: 草原の騎馬民族國家』 4, 勝藤猛 譯, 創元社 1971.

NHK 「文明の道」 プロジェクト 外 『モンゴル帝國』, 日本放送出版協會 2004.

林俊雄 『スキタイと匈奴遊牧の文明』, 講談社 2017.

川又正智 『漢代以前のシルクロード』, 雄山閣 2006.

杭侃 『中國文明史 8: 草原の文明』, 表野和江 譯, 創元社 2006.

護雅夫 編 『漢とローマ』, 平凡社 1970.

Irene M. Franck· David M. Brownstone, *The Silk Road: A history*, Facts On File Publications 1986.

Luce Boulnois, translated by Helen Loveday, *Silk Road: Monks, Warriors, & Merchants*, Odyssey Books & Guides, 2005.

Valerie Hansen, *Silk Road: A New History*, Oxford Univerity Press 2012.

도록

『(실크로드와 한국문화)동방의 빛을 따라서』, 경주 세계문화엑스포2000 2000.

『세계지도 속의 동아시아』, 경희대학교 동북아역사재단 2009.

『스키타이 황금: 소련 국립에르미타주 박물관 소장』, 국립중앙박물관 1991.

『실크로드 도록: 육로편』, 창비 2014.

『아프가니스탄의 황금문화』(Treasures from Afchanistan), 국립중앙박물관·국립경주박물관 2016.

『알타이 문명전』, 국립중앙박물관 1995.

『유리의 길: 실크로드와 신라』, 경주세계문화엑스포 조직위원회 2015.

『제2회 경주 실크로드 국제학술회의 자료잡: 또 하나의 실크로드, 북방 초원의 길』, 동국대학교 경주캠퍼스 박물관 2013.

『초원실크로드와 북방협력 국제포럼』, 경상북도경제진흥원 2018.

齋藤忠 『圖錄東西文化交流史跡』, 吉川弘文館 1978.

Jonathan Tucker, *The Silk Road, Art and History*, Philip Wilson Publishers, 2003.

Kenneth Nebenzahl, *Exploration des routes de la soie et au-delà*, Phaidon Press Ltd, 2005.

정수일 鄭守一

중국 연변에서 태어나 연변고급중학교와 북경대학 동방학부를 졸업했다. 카이로대학 인문학부를 중국의 국비연구생으로 수학했고 중국 외교부 및 모로코 주재 대사관에서 근무했다. 평양국제관계대학 및 평양외국어대학 동방학부 교수를 지내고, 튀니지대학 사회경제연구소 연구원 및 말레이대학 이슬람아카데미 교수로 있었다. 단국대 대학원 사학과 박사과정을 수료하고, 동 대학 사학과 교수로 있었다. 국가보안법 위반 혐의로 5년간 복역하고 2000년 출소했다. 현재 사단법인 한국 문명교류연구소 소장으로 재직 중이며, 문명교류학 연구자로서 학술답사와 강의, 연구에 전념하고 있다.

저서로 『신라·서역 교류사』 『세계 속의 동과 서』 『기초아랍어』 『실크로드학』 『고대문명교류사』 『문명의 루트 실크로드』 『문명교류사 연구』 『이슬람문명』 『소걸음으로 천리를 가다』 『한국 속의 세계』(상·하) 『실크로드 문명기행: 오아시스로 편』 『문명담론과 문명교류』 『실크로드 사전』 『실크로드 도록』(육로·해로) 『초원 실크로드를 가다』 『해상 실크로드 사전』 『문명의 보고 라틴 아메리카를 가다』(1·2) 『문명의 요람 아프리카를 가다』(1·2) 등이 있고, 역주서로 『이븐 바투타여행기』(1·2) 『혜초의 왕오천축국전』 『중국으로 가는 길』 『오도릭의 동방기행』이 있다.

실크로드학 연구성과를 집대성한 저서 『실크로드 사전』(제54회)과 역주서 『이븐 바투타 여행기』(제42회)로 한국출판문화상을 수상했다.

SILK
ROAD 초원로편

초판 1쇄 발행   2019년 3월 8일

지은이   정수일
펴낸이   강일우
펴낸곳   (주)창비
         10881 경기도 파주시 회동길 184
         전화 (031)955-3333 팩스 (031) 955-3400
         홈페이지 www.changbi.com 전자우편 human@changbi.com
편집디자인   **디자인비따** (02)730-6790

ⓒ 정수일 2019
ISBN 978-89-364-8289-3   93900

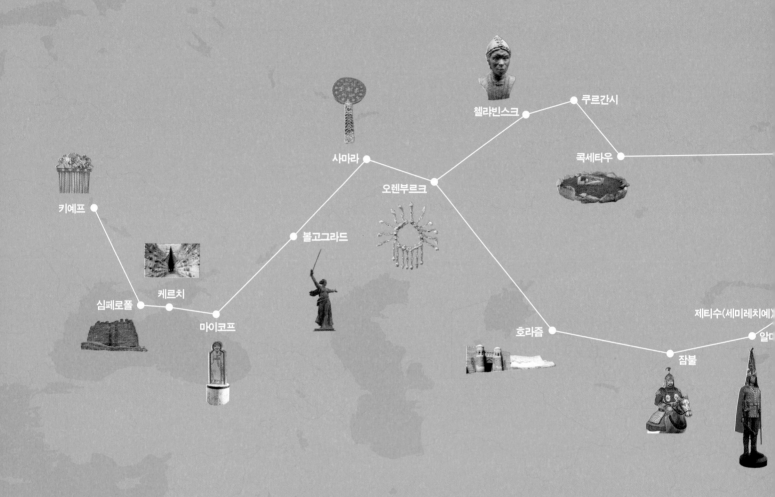

키예프

심페로폴 　케르치

마이코프

볼고그라드

사마라

오렌부르크

첼랴빈스크　쿠르간시

콕세타우

호라즘　제티수(세미레치예)

잠불　알ㅁ

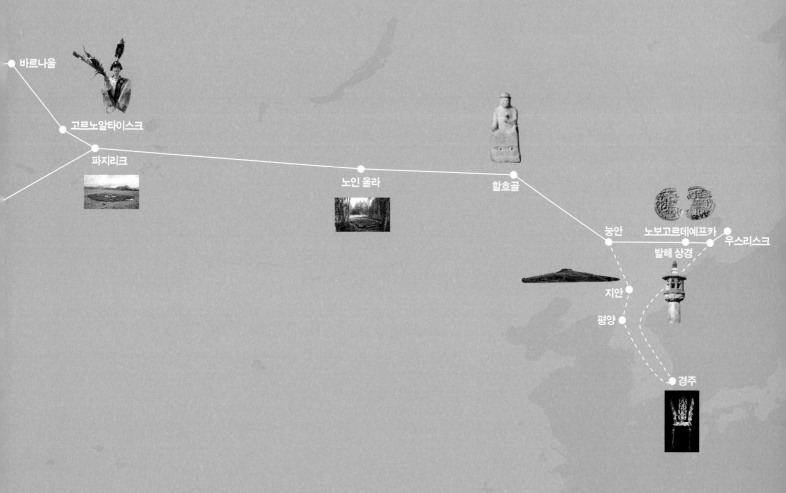

초원실크로드 노정도

바르나울

고르노알타이스크

파지리크

노인 울라

할흐골

눙안

노보고르데예프카

우스리스크

발해 상경

지안

평양

경주